J. RUFFIN-CORDELIER

DICTIONNAIRE COMPLET DES COMMUNES DE L'ALSACE, LA LORRAINE

(Départements : BAS-RHIN, HAUT-RHIN et MOSELLE)

ET DU

TERRITOIRE DE LA SARRE

AVEC LES HAMEAUX QUI EN DÉPENDENT

PRÉCÉDÉ DE

TABLEAUX SYPNOTIQUES

Contenant l'Indication
des Divisions administratives, Bureaux de Poste
Télégraphe, Téléphone
Gares, Distances kilométriques, etc.

DÉPOSITAIRE GÉNÉRAL :
ALBIN MICHEL, Editeur
22, Rue Huyghens, 22
PARIS
1920

...érés

Broché, 4 fr.; relié

J. RUFFIN-CORDELIER

DICTIONNAIRE COMPLET DES COMMUNES DE L'ALSACE, LA LORRAINE

(Départements : BAS-RHIN, HAUT-RHIN et MOSELLE)

ET DU

TERRITOIRE DE LA SARRE

AVEC LES HAMEAUX QUI EN DÉPENDENT

PRÉCÉDÉ DE

TABLEAUX SYPNOTIQUES

Contenant l'Indication
des Divisions administratives, Bureaux de Poste
Télégraphe, Téléphone
Gares, Distances kilométriques, etc.

DÉPOSITAIRE GÉNÉRAL :
ALBIN MICHEL, Editeur
22, Rue Huyghens, 22
PARIS
1920

Broché, 4 fr.; relié, 5 fr.

PRÉFACE

Le retour à la France de l'Alsace et de la Lorraine, et la réunion des droits à nous attribués sur le bassin de la Sarre en vertu du traité de paix, étant un fait accompli, le Dictionnaire des communes de ces régions devient une nécessité.

Le présent Dictionnaire, établi avec le plus grand soin, contient la nomenclature exacte et complète de toutes les communes d'Alsace et de Lorraine (départ. du Haut-Rhin, du Bas-Rhin et de la Moselle), et du territoire de la Sarre, avec leurs principaux hameaux et dépendances.

Pour chaque commune, nous avons indiqué, d'après les documents officiels les plus récents, avec les divisions administratives, le chiffre de la population, les bureaux de poste, télégraphe et téléphone qui la desservent, la station de chemin de fer ou tramway la plus rapprochée avec la distance kilométrique, ainsi que les hameaux qui dépendent de la commune.

Il nous a paru nécessaire de joindre à la dénomination française des localités d'Alsace-Lorraine l'ancienne dénomination allemande afin de faciliter les recherches dans les documents publics établis sous le régime allemand. Dans le même but, nous avons fait de nombreux renvois et rappelé les diverses formes orthographiques des noms de certaines communes, tant en français qu'en allemand.

Un tableau synoptique des divisions administratives actuelles contient les renseignements statistiques sur la population, la superficie, les distances de Paris, etc, avec tableaux récapitulatifs.

Appelé a être consulté fréquemment, l'ouvrage a été l'objet de soins méticuleux ; s'il s'y était glissé quelques erreurs nous serions reconnaissants aux lecteurs de nous les signaler.

J. RUFFIN-CORDELIER et A. SALLOT,

Courbevoie, 12, rue Sainte-Geneviève,
le 20 Janvier 1920.

DIVISIONS ADMINISTRATIVES

DES DÉPARTEMENTS

du Haut-Rhin, du Bas-Rhin, de la Moselle et du Territoire de la Sarre

I. — BAS-RHIN

8 arrondissements. — 39 cantons. — 561 communes
700.938 habitants. — 478.530 hectares

ARRONDISSEMENTS	CANTONS	NOMBRE de Communes	POPULATION	SUPERFICIE (Hectares)	Distance de Paris
Erstein	Benfeld	13	65.159	49.820	463
	Erstein	13			466
	Geispolsheim	14			417
	Obernai	10			460
Haguenau	Bischwiller	21	80.202	60.100	447
	Haguenau	16			466
	Niederbronn	21			447
Molsheim	Molsheim	18	67.069	74.020	443
	Rosheim	10			464
	Saales	7			412
	Schirmeck	16			423
	Wasselonne	19			431
Saverne	Bouxwiller	20	87.572	100.400	429
	Drulingen	30			408
	Marmoutier	25			442
	Petite-Pierre (la)	22			416
	Saar-Union	18			390
	Saverne	18			416
Schlestadt	Barr	16	67.591	63.580	457
	Marckolsheim	21			454
	Schlestadt	8			440
	Villé	18			456
Strasbourg (Ville)	8	1	178.891	7.780	438
Strasbourg (Camp.)	Brumath	21	97.775	56.420	442
	Hochfelden	30			431
	Schiltigheim	18			453
	Truchtersheim	33			469

ARRONDISSEMENTS	CANTONS	NOMBRE de Communes	POPULATION	SUPERFICIE (Hectares)	Distance de Paris
Wissembourg.....	Lauterbourg....	7	56.570	60.420	540
	Seltz...........	14			486
	Soultz-s-Forêts.	26			469
	Wissembourg...	15			483
	Woerth-s-Sauer	21			461

II. — HAUT-RHIN

6 arrondissements. — 26 *cantons.* — 386 *communes*
517.865 *habitants.* — 350.770 *hectares*

ARRONDISSEMENTS	CANTONS	NOMBRE de Communes	POPULATION	SUPERFICIE (Hectares)	Distance de Paris
Altkirch..........	Altkirch........	28	51.748	65.380	457
	Dannemarie ...	32			425
	Ferrette	31			472
	Hirsingue......	25			461
Colmar	Andolsheim. ...	10	97.786	66.020	455
	Colmar	2			450
	Munster........	15			456
	Neuf-Brisach ..	16			465
	Wintzenheim ..	10			444
Guebwiller........	Ensisheim......	17	61.650	58.300	490
	Guebwiller.	11			471
	Rouffach	8			463
	Soultz	10			447
Mulhouse	Habsheim......	16	188.088	62.800	460
	Huningue.	22			485
	Landser..	21			471
	Mulhouse (2)...	16			475
Ribeauvillé	Kaysersberg....	13	58.151	45.010	433
	Poutroye (La)..	6			428
	Ribeauvillé.....	0			420
	Ste-Marie-aux-M.	5			418
Thann	Cernay.........	11	59.583	52.860	471
	Massevaux.	15			460
	Saint-Amarin..	16			450
	Thann	11			460

III. — MOSELLE

0 *arrondissements.* — 35 *cantons.* — 758 *communes*
655.211 *habitants.* — 622.780 *hectares*

ARRONDISSEMENTS	CANTONS	NOMBRE de Communes	POPULATION	SUPERFICIE (Hectares)	Distance de Paris
Boulay	Boulay	36	41.825	71.543	343
	Bouzonville....	31			320
	Faulquemont...	33			354

ARRONDISSEMENTS	CANTONS	NOMBRE de Communes	POPULATION	SUPERFICIE (Hectares)	Distance de Paris
Château-Salins....	Albestroff......	26	45.303	97.620	377
	Château-Salins.	34			355
	Delme.........	35			358
	Dieuze.........	23			361
	Vic-s.-Seille....	14			351
Forbach	Forbach........	20	91.191	70.100	377
	Gros-Tenquin..	32			362
	Saint-Avold....	21			359
	Sarralbe.......	14			394
Metz (Ville).......	3 C.............	1	68.598	1.660	315
Metz (Camp.)	Gorze..........	18	113.674	107.400	316
	Metz (c. de)....	38			—
	Pange	34			328
	Verny (1)	38			—
	Vigy	24			330
Sarrebourg	Fénétrange	21	74.186	70.510	383
	Lorquin........	18			400
	Phalsbourg.....	26			407
	Réchicourt.....	15			405
	Sarrebourg.....	25			390
Sarreguemines	Bitche..........	17	74.186	70.510	468
	Rorbach	16			411
	Sarreguemines..	25			393
	Volmunster	16			478
Thionville (Est)...	Cattenom	23	62.930	67.660	345
	Metzerwisse....	25			350
	Sierck	22			355
	Thionville	6			336
Thionville (Ouest)	Fontoy	11	88.232	26.410	—
	Hayange.......	14			—
	Moyeuvre (Gde)	6			—

(1) Chef-lieu de canton à Pournoy-la-Grasse.

RÉCAPITULATION

(Bas-Rhin, Haut-Rhin et Moselle)

DÉPARTEMENTS	NOMBRE DE			POPULATION	SUPERFICIE (Hectares)
	Arrondissements	Cantons	Communes		
Bas-Rhin	8	35	561	700.039	478.630
Haut-Rhin	6	26	886	517.865	350.770
Moselle	9	35	758	655.211	622.780
TOTAUX....	23	96	1.705	1.874.014	1.452.180

IV. — TERRITOIRE DE LA SARRE

4 arrondissements de Ottweiler, Sarrebrück, Sarrelouis, Saint-Ingbert
Partie des arrondissements de Deux-Ponts, Homburg, Merzig
Saint-Wendel
45 *cantons.* — 201 *communes.* — 440.886 *habitants*
104 660 *hectares*

ARRONDISSEMENTS	CANTONS	NOMBRE de Communes	POPULATION	SUPERFICIE (Hectares)	
Deux-Ponts	Deux-Ponts	14	6.561	8.918	Partie réunie
Homburg	Homburg	7	17.042	15.568	Partie réunie
	Waldmohr	8			
Merzig	Haustadt	9	23.809	10.023	
	Hilbringen	10			
	Merzig	5			
	Mettlach	5			La Cne de Britten exclue
Ottweiler	Dirmingen	5	88.265	30.063	
	Eppelborn	8			
	Neunkirchen ...	6			
	Ottweiler	6			
	Stennweiler	4			
	Tholey..... ...	9			
	Uchtelfangen ..	7			

ARRONDISSEMENTS	CANTONS	NOMBRE de Communes	POPULATION	SUPERFICIE (Hectares)	
Sarrebrück .... (Saarbruken)	Bischmisheim ..	7	166.192	33.627	
	Dudweiler..	2			
	Friedrichsthal. .	9			
	Gersweiler......	3			
	Heusweiler	16			
	Kleinblittersdorf	1			
	Ludweiler......	7			
	Püttlingen......	1			
	Saarbrucken ...	1			
	Sellerbach	11			
	Sulzbach.......	1			
	Völklingen	3			
Sarrelouis......... (Saarlouis)	Berus	5	82.305	44.073	
	Bettingen	6			
	Differten	6			
	Fraulautern. ...	6			
	Kerlingen	8			
	Lebach.........	10			
	Lisdorf	2			
	Nalbach........	5			
	Oberesch	7			
	Rehlingen......	7			
	Sarrelouis... ..	1			
	Saarwellingen ..	4			
	Schwalbach ...	6			
	Wallerfangen...	6			
Saint-Ingbert.....	Blieskastel	25	35.008	22.883	
	Saint-Ingbert...	8			
Saint-Wendel.....	Alsweiler	8	20.029	15.630	Partie réunie
	Oberkirchen ...	5			
	Saint-Wendel ..	9			

ABRÉVIATIONS

⊠ bureau de poste.
⚡ » télégraphe.
☎ » téléphone.
🚂 station de ch. de fer.
b. banlieue.
B.-Rhin, H.-Rhin (départ. du Bas ou du Haut-Rhin.
ch.-l. chef-lieu.
ar. arrondissement.
c. canton.

c^{e} commune.
dép. dépendances.
h. habitants.
k. kilomètres.
Metz-C. / Strasbourg-C. } arrond. de Metz ou Strasbourg - Campagne.
tram. tramway.
V. voir.

EXEMPLES :

Indications au Dictionnaire	Signification
ARGANCY *(Argannen)*, 597 h. ⚡ ☎ Moselle, ar. Metz-C., c. Vigy, ⊠ Antilly. 🚂 Malzières, 8 k.	ARGANCY (en allemand *Argannen*), 597 habitants, bureau de télégraphe-téléphone, départ. de la Moselle, arrond. de Metz-Campagne, canton de Vigy, bureau de poste à Antilly, station de ch. de fer de Maizières à 8 kilom.
FICKINGEN, 306 h. ☎ Sarre, ar. Merzig. c. ⊠ ⚡ 🚂 Haustadt, 4 k. et 🚂 Rehlingen, 2 k.	FICKINGEN, 306 habitants, bureau de téléphone, territoire de la Sarre, arrond. de Merzig, canton, bureau de poste et station de chemin de fer d'Haustadt à 4 kilom, — autre station ferrée à Rehlingen 2 kilom.
HELLERT, ⚡ ☎ c^{e} de Dabo, Moselle.	HELLERT, bureau de télégraphe-téléphone, dépendance de Dabo, départ. de la Moselle.

NOTA. — *Tous les Bureaux et Agences postales de l'Alsace et de la Lorraine sont ouverts au Service des colis postaux (Colis de poste).*

DICTIONNAIRE COMPLET
DES
COMMUNES
DE
L'ALSACE, LA LORRAINE
ET DU TERRITOIRE DE LA SARRE
AVEC LES HAMEAUX QUI EN DÉPENDENT

A

ABENHOFEN, *V.* ABONCOURT-s.-SEILLE.

ABONCOURT (*Endorf*), 363 h. Moselle, ar. Thionville-Est, c. Metzerwisse. ⊠ Kédange, 4 k.

ABONCOURT-s.-SEILLE (*Abenhofen*), 97 h. Moselle, ar., c. Château-Salins, ⊠ Manhoué, Fresnes-en-Saulnois, 8 k.

ABRESCHWILLER (*Alberschweiler*), 1528 h. ⊠ Moselle, ar. Sarrebourg, c. Lorquin.

ABSTABERHOF, ce de Kirckel-Neuhaüsel, Sarre.

ACHAIN (*Eschen*), 141 h. Moselle, ar., c. Château-Salins. ⊠ Haboudange, 3 k.

ACHATEL (*Hohenschloss*), 136 h. Moselle, ar. Metz-C., c. Verny. ⊠ Solgne, Sécourt, 1 k. 8.

ACHEN, 825 h. ⊠ Moselle, ar. Sarreguemines, Kalhausen.

ACHENHEIM, 886 h. ⊠ tram. B.-Rhin, ar. Strasbourg, c. Schiltigheim.

ADAINCOURT (*Adinghofen*), 123 h. Moselle, ar. Boulay, c. Faulquemont. ⊠ Rémilly, 6 k.

ADAMSWILLER (*Adamsweiler*), 331 h. ⊠ B.-Rhin, ar. Saverne, c. Drulingen.

ADELANGE (*Edelingen*), 299 h. Moselle, ar. Boulay, c. ⊠ Faulquemont.

ADINGHOFEN, *V.* ADAINCOURT

AICH, *V.* AY.

AIDLINGEN, ce de Bouzonville, Moselle.

AIGUISERIE (L'), ce de Saverne, B.-Rhin.

AIGUISERIE (L'), ce de Rosenwiller, B.-Rhin.

AJONCOURT (*Analdshofen*), 181 h. Moselle, ar. Château-Salins, c. Delme, ⊠ Aulnois-s.-Seille.

ALAINCOURT-LA-COTE (*Allenhofen*), 139 h. Moselle, ar. Château-Salins, c. ⊠ Delme, Liocourt, 1 k.

ALBÉ, *V.* ERLENBACH.

ALBEN, *V.* AUBE.

ALBERSCHWEILER, *V.* ABRESCHWILLER.

ALBESTROFF (*Albesdorf*), 560 h. ⊠ Moselle, ar. Château-Salins, ch.-l.-c. 377 k. Paris. Léning, 4 k.

ALBET, ce de la Broque, B.-Rhin.

ALBRESCHWILLER, *V.* *Abreschwiller.*

ALEMONT, ce de Ste-Jure, Moselle.

ALGOSHEIM ou ALGOLSHEIM

343 h. H.-Rhin, ar. Colmar, c. Neuf-Brisach, 3 k.
ALGRANGE (*Algringen*), 9476 h. Moselle, ar. Thionville-Ouest, c. Hayange.
ALINCOURT, ce de Bloncourt, Moselle.
ALLEMAND-ROMBACH (L') ou ROMBAS (*Deutsch-Rumbach*), 1524 h. H.-Rhin, ar. Ribeauvillé, c. Ste-Marie-aux-Mines. Kogenheim, 2 k. et Liepvre, 2 k.
ALLENHOFEN, V. ALAINCOURT.
ALLENWILLER (*Allenweiler*), 405 h. H.-Rhin, ar. Saverne, c. Marmoutier, Romanswiller, 3 k.
ALMET, V. AUMETZ.
ALSCHBACH, 438 h., Sarre, ar. St-Ingbert, Lautzkirchen, Blieskastel, 2 k.
ALSPACH, . ce de Kaysersberg, H.-Rhin.
ALSTING-ZINZING, 2113 h. Moselle, ar. c. Forbach, Grossblidcrstroff, Kleinbliderstroff, 4 k.
ALSWEILER, 1141 h. , Sarre, ar. St-Wendel, 9 k. ch.-l. c., et Tholey, 3 k.
ALSBREITENFELDERHOF, ce de Jägersburg, Sarre.
ALTDORF ce de Bettlainville, Moselle.
ALTORF et FREIALTDORF, V. ALTROFF.
ALT-ECKENDORF, 767 h. , B.-Rhin, ar. Strasbourg-C., c. Hochfelden.
ALTE-GLASHULTE, ce de Petite-Rosselle, Moselle.
ALTEN, ce de Sierck, Moselle.
ALTENACH, 348 h. . H.-Rhin, ar. Altkirch, c. Dannemarie, 5 k.
ALTENBACH, 122 h. H.-Rhin, ar. Thann, c. St-Amarin, Willer, pr. Thann, 5 k.
ALTENHEIM, 302 h. . B.-Rhin, ar. c. Saverne, Dettwiller, 4 k. 4.
ALTENHOF, ce de Metzeral, H.-Rhin.
ALTENKESSEL, 2326 h. , ce et c. Puttlingen, 14 k., Sarre, et Neudorf.
ALTENSTADT, 1063 h. B.-Rhin, ar. c. de Wissembourg, 2 k.
ALTENWALD, 4209 h. , ce c. Sulzbach, Sarre.
ALTFORTWEILER, 737 h. Sarre, ar. Sarrelouis, c. Bérus Felsberg, 2 k. 5.
ALTHEIM, 568 h. Sarre, ar. c. Deux-Ponts, 10 k., Sarre.
ALTHORN, ce de Sarreinsberg, Moselle.
ALTKIRCH, 3491 h. . H.-Rhin, ch.-l. ar. c. à 457 k. Paris.
ALT-LIXHEIM, V. VIEUX-LIXHEIM.
ALT-MUNSTEROL, V. MONTREUX-VIEUX.
ALTORF (*Altdorf*), 790 h. B.-Rhin, ar. c. de Molsheim, 2 k.
ALT-PFIRT, V. VIEUX-FERRETTE.
ALTRIPPE (*Altrip*), 213 h. . Moselle, ar. Forbach, c. Gros-Tenquin. Maxstadt, Insming, 10 k.
ALTROFF (*Altdorf-Freialtdorf*), 716 h. . Moselle, ar. Château-Salins, c. Albestroff, Léning, 2 k.
ALTROFF, ce de Bettlainville, Moselle.
ALTSCHLOSS, ce de Pfastatt, H.-Rhin.
ALTSTADT, 756 h. , Sarre, ar. Homburg, c. Waldmohr.
ALT-STIRING-WENDEL, ce de Stiring-Wendel, Moselle.
ALT-THANN, V. VIEUX-THANN.
ALTWEIER, V. AUBURE.
ALTWIESE, V. ALTWISE.
ALTWILLER (*Altweiler*), 657 h. . B.-Rhin, ar. Saverne, c. Saar-Union, 9 k. Harskirchen.
ALTWILLERS, 326 h. Moselle, ar. Forbach, c. de St-Avold, 3 k.
ALTWISE, . ce de Mondorff, Moselle.
ALZING (*Alzingen*), 379 h. . Moselle, ar. Boulay, c. de Bonzonville.
AMANVILLERS (*Amanweiler*), 663 h. Moselle ar. c. Metz-C.

AMÉLÉCOURT, 156 h. Moselle, ar. c. de Château-Salins, 3 k.
AM-FORTHAUS, cᵉ de Sulzbach, Sarre.
AMMERSCHWIHR (*Ammerschweier*), 1565 h. tram. H.-Rhin, ar. Ribeauvillé, c. Kaysersberg.
AMMERTSWEILER (*Ammerzweiler*), 219 h. H.-Rhin, ar. Altkirch, c. Dannemarie, Balschwiller, Burnhaupt-le-Haut, 8 k.
AMNEVILLE, cᵉ de Gandrange, Moselle.
AMPFERSBACH, cᵉ de Stosswihr, H.-Rhin.
ANALDSHOFEN, V. Ajoncourt.
ANCERVILLES-NIED (*Anserweiler*), 296 h. Moselle, ar. Metz, c. Pange, Rémilly.
ANCY-s.-MOSELLE (*Anzig*), 976 h. Moselle, ar. Metz-C., c. Gorze.
ANCY-s.-SOLGNE, cᵉ de Solgne, Moselle.
ANDLAU-AU-VAL (*Andlau im Thal*), 1789 h. B.-Rhin, ar. Schlestadt, c. Barr. Eichhoffen, 2 k. 5.
ANDOLSHEIM, 730 h. H.-Rhin, ar. Colmar, ch.-l. c. à 455 k. Paris. Saudhoffen, 2 k.
ANGEVILLERS (*Arsweiler*), 1082 h. Moselle, ar. Thionville-Ouest, c. Fontoy, 4 k.
ANGWILLER ou ANGWEILLER (*Angweiler*), 159 h. Moselle, ar. Sarrebourg, c. Fénétrange. Bisping, Loudrefing, 5 k.
ANSERVEILER, V. Ancerville.
ANSLINGEN, V. Azoudange.
ANTILLY (*Enterchen et Antullen*), 139 h. Moselle, ar. Metz-C., c. Vigy, 4 k.
ANZELING, 360 h. Moselle, ar. Boulay, c. Bouzonville. Freistroff.
ANZIG, V. Ancy-s.-Moselle.
AOURY, cᵉ de Villers-Stoncourt, Moselle.
APACH, 434 h. Moselle, ar. Thionville-Est, c. de Sierck.

APPENWIHR (*Appenweier*), 238 h. H.-Rhin, ar. Colmar, c. Neuf-Brisach. Sundhoffen, 2 k. 7.
ARGANCY (*Argannen*), 597 h. Moselle, ar. Metz-C., c. Vigy. Antilly. Malzières, 8 k.
ARGENCHEN, V. Arriance.
ARMSDORF, V. Arraincourt.
ARRAINCOURT, 213 h. Moselle, ar. Boulay, c. Faulquemont. Brulange, 2 k.
ARRIANCE (*Argenchen*), 249 h. Moselle, ar. Boulay, c. Faulquemont. Herny, 2 k.
ARRY (*Arrich*), 397 h. Moselle, ar. Metz-C., c. Gorze. Novéant-Corny, 4 k.
ARSCHWILLER (*Arzweiler*), 692 h. Moselle, ar. Sarrebourg, c. Phalsbourg.
ARS LAQUENEXY (*Ars-bei-Kenchen*), 374 h. Moselle; ar. Metz-C., c. Pange. Peltre, 5 k.
ARS-s.-MOSELLE, 3541 h. Moselle, ar. Metz-C., c. Gorze.
ARSWILLER (*Arzweiler*), V. Angevillers et Arschwiller.
ARTOLSHEIM, 828 h. tram., B.-Rhin, ar. Schlestadt, c. Marckolsheim.
ARTZENHEIM (*Arzenheim*), 514 h. H.-Rhin, ar. Colmar, c. Andolsheim. Jebsheim, 4 k. Muntzenheim, 3 k.
ARZWEILER, V. Arschwiller.
ASCHBACH ou ASBACH, 578 h. B.-Rhin, ar. Wissembourg, c. Seltz. Hatten, Hoffen, et Hatten, 7 k.
ASCHBACH, 535 h. Sarre, ar. Ottweiler, c. Eppelborn, 3 k.
ASPACH, 643 h. H.-Rhin, ar. c. d'Altkirch, 2 k.
ASPACH, 104 h. Moselle, ar. Sarrebourg, c. Lorquin, 4 k.
ASPACH-LE-BAS (*Niederaspach*), 526 h. H.-Rhin, ar. Thann, c. Cernay. Aspach, 1 k. 1.
ASPACH-LE-HAUT (*Oberas-*

pach), 656 h. ⚲ ☎. H.-Rhin, ar. et c. Thann. ✉ Aspach-le-Bas, 🚂 Aspach, 1 k.
ASSENONCOURT (*Essesdorf*), 330 h. ⚲ ☎. Moselle, ar. Sarrebourg, c. Réchicourt-le-Château. ✉ Maizières-Azoudange, 🚂 Azoudange, 7 k.
ASSWEILLER, 430 h. ✉ ⚲ ☎. Sarre, ar. St-Ingbert. 🚂 Blieskastel, 6 k.
ASSWILLER ou ASWILLER (*Assweiler*), 352 h. ⚲ ☎. B.-Rhin, ar. Saverne, c. 🚂 Drulingen. ✉ Durstel.
ATTENSCHWILLER, 612 h. H.-Rhin, ar. Mulhouse, c. Huningue. ✉ Folgensbourg, 🚂 St-Louis, 8 k.
ATTILLONCOURT ou ATTILONCOURT (*Edelinghofen*), 111 h. ⚲ ☎. Moselle, ar. c. Château-Salins, ✉ 🚂 Chambrey, 7 k.
AU, ce de Nordhausen, B.-Rhin.
AUBE (*Alben*), 240 h. Moselle, ar. Metz-C., c. Pange, ✉ ⚲ ☎ 🚂 Sanry-s-Nied, 2 k. 2.
AUBECOURT, ce de Rémilly, Moselle.
AUBURE (*Altweier*), 295 h. ✉ ⚲ ☎. H.-Rhin, ar. 🚂 Ribeauvillé, c. Ste-Marie-aux-Mines.
AU-DESSUS-DE-LA-PLACE, ce de Orbey, H.-Rhin.
AUDUN-LE-TICHE (*Deutsch-Oth*), 6293 h. ✉ ⚲ ☎. 🚂 Moselle, ar. Thionville-Ouest, c. Fontoy.
AUE, V. LAUW.
AUDWILLER, V. OTTWILLER.
AUENHEIM (*Augenheim*), 453 h. B.-Rhin, ar. Haguenau, c. Bischwiller. ✉ ⚲ ☎ 🚂 Runtzenheim, 1 k.
AUERSMACHER, 1031 h. ✉ ⚲ ☎ 🚂. Sarre, ar. Sarrebrück, c. Kleinblittersdorf.
AUGNY (*Auning*), 699 h. ✉ ⚲ ☎ 🚂. Moselle, ar. c. Metz-C.
AULNOIS-s.-SEILLE (*Erlen*), 301 h. ✉ ⚲ ☎. Moselle, ar. Château-Salins, c. Delme, 🚂 Liocourt, 6 k.
AUMETZ (*Almet*), 3118 h. ✉ ⚲ ☎ 🚂. Moselle, ar. Thionville-Ouest, c. Fontoy.
AUNING, V. AUGNY.
AUSCHEIT, ce de Limbach, Sarre.
AUSSEN, 1460 h. ✉ ⚲ ☎ Sarre, ar. Sarrelouis, c. 🚂 Bettingen, 2 k.
AUSTERLITZ (porte d'), ce de Strasbourg, B.-Rhin.
AVANCY, ce de Ste-Barbe, Moselle.
AVENHEIM, 153 h. ⚲ ☎. B.-Rhin, ar. Strasbourg-C., c. ✉ Truchtersheim. 🚂 Hochfelden ou Kirchheim, tram. Wilwersheim, 5 k.
AVOLSHEIM, 561 h. ✉ ⚲ ☎ 🚂. B.-Rhin, ar. c. Molsheim.
AVRICOURT (*Elfringen*), 1232 h. ✉ ⚲ ☎ 🚂. Moselle, ar. Sarrebourg, c. Réchicourt-le-Château.
AY-s.-MOSELLE (*Aich*), 483 h. ✉ ⚲ ☎. Moselle, ar. Metz-C., c. Vigy. 🚂 Metz ou Hagondange 4 k.
AZOUDANGE (*Anslingen*), 360 h. ⚲ ☎ 🚂. Moselle, ar. Sarrebourg, c. Réchicourt-le-Château. ✉ Maizières-Azoudange.

B

BACOURT (*Badenhofen*), 257 h. ⚲ ☎. Moselle, ar. Château-Salins, c. ✉ 🚂 de Delme, 6 k.
BAD-NIEDERBRONN, V. NIEDERBRONN-LES-BAINS.
BAERENDORF (*Bärendorf*), 443 h. ⚲ ☎. B.-Rhin, ar. Saverne, c. Drulingen. ✉ 🚂 Fénétrange.
BAERENTHAL (*Bäerenthal*), 895 h. ✉ ⚲ ☎. Moselle, ar. Sarreguemines, c. Bitche. 🚂 Philippsbourg, 4 k.
BAGATELLE (La), ce de Colmar, H.-Rhin.
BAILLY, ce de Turquestein, Moselle.
BALBRONN (*Ballbronn*), 852 h. ✉ ⚲ ☎. B.-Rhin, ar. Molsheim, c. Wasselonne, 🚂 Soultz-les-Bains, 5 k. 5.
BALDENHEIM, 1134 h. ✉ ⚲ ☎. B.-Rhin, ar. 🚂 Schlestadt, c. Marckolsheim.

BALDENHOFEN, V. BACOURT.
BALDERSHEIM, 706 h. tram. H.-Rhin, ar. Mulhouse, c. Habsheim.
BALDERSHOFEN, V. BAUDRECOURT.
BALGAU, 442 h. H.-Rhin, ar. Colmar, c. Neuf-Brisach, 11 k., Fessenheim.
BALLBRONN, V. BALBRONN.
BALLERING, ce de Holving, Moselle.
BALLERN, 476 h. Sarre, ar. Merzig, 2 k., c. Hilbringen, 1 k.
BALLERSDORFF, 682 h. H.-Rhin, ar. c. Altkirch.
BALLERSTEIN, ce de Dabo, Moselle.
BALLWEILER, 700 h. Sarre, ar. St-Ingbert, c. Blieskastel, 7 k. Blickweiller 3 k.
BALSCHWILLER (*Balschweiler*), 518 h. H.-Rhin. ar. Altkirch, c. Dannemarie, 6 k.
BALTERSWEILER, 380 h. Sarre, ar. St-Wendel, c. Oberkirchen. Hofeld-Mensbach.
BALTZENHEIM (*Balzenheim*), 268 h. H.-Rhin, ar. Colmar, c. Andolsheim. Kuenheim. Muntzenheim.
BAMBIDERSTROFF ou BAMBIDESTROFF (*Baumbiedersdorf*), 590 h. Moselle, ar. Boulay, c. Faulquemont, 7 k.
BAN DE LA ROCHE, nom d'un ancien district de Basse-Alsace compr[t] 8 ces, c. Schirmeck, B.-Rhin.
BANNAY ou BIZING (*Bizingen*), 106 h. Moselle, ar. Boulay, de Condé-Northen, 5 k.
BAN-St-MARTIN (*St-Martinsbann*), 2910 h. Moselle, ar. c. Metz. Devant-les-Ponts.
BANNSTEIN (*Banstein*), ce d'Eguelshardt, Moselle.
BANTZENHEIM (*Banzenheim*), 974 h. H.-Rhin, ar. Mulhouse, c. Habsheim.

BARAQUES du BAS et du HAUT ce de Liepvre, H.-Rhin.
BARCHAIN (*Barchingen*), 145 h. Moselle, ar. c. Sarrebourg, de Héming, 2 k.
BAREMBACH (*Barenbach*), 862 h. B.-Rhin, ar. Molsheim, c. de Schirmeck, 1 k.
BARENTHAL, V. BAERENTHAL.
BAROCHE (La) (*Zell*), 1495 h. H.-Rhin, ar. Ribeauvillé, c. La Poutroye, 7 k. Trois-Epis.
BAROCHE (Basse), ce de la Baroche, H.-Rhin.
BARONSWEILER, V. BELLEMAGNY et BARONVILLE.
BARONVILLE (*Baronweiler*), 386 h. Moselle, ar. Forbach, c. Gros-Tenquin. Morhange, (v) Landroff, 2 k. et (m) Morhange, 4 k.
BARR, 931 h. B.-Rhin, ar. Schlestadt, ch.-l. c. 457 k. Paris.
BARST, 291 h. Moselle, ar. Forbach, c. St-Avold. Bening, 9 k. Hombourg, 7 k.
BARTENHEIM, 1829 h. H.-Rhin, ar. Mulhouse, c. Landser.
BARVILLE-BAS (*Unterbarweiler*), ce de Nitting, Moselle.
BASONHOFEN, V. BAZONCOURT.
BASSE-HAM, V. HAM.
BASSE-YUTZ, V. YUTZ-BASSE.
BASSEMBERG (*Bassenberg*), 296 h. B.-Rhin, ar. Schlestadt, c. de Villé, 2 k.
BASSES-VIGNEULLES (*Nieder-Esilien*), ce de Haut-Vigneulles, Moselle.
BASSING (*Bessingen*), 182 h. Moselle, ar. Château-Salins, c. Dieuze, Benestroff, 6 k.
BASSONCOURT, V. BAZONCOURT.
BATTENHEIM, 961 h. tram., H.-Rhin, ar. Mulhouse, c. Habsheim.
BATZENDORF, 766 h. B.-Rhin, ar. c. Haguenau, 7 k. Niederschaeffolsheim.
BAUDRECOURT (*Baldershofen*) 257 h. Moselle. ar. Château-Salins, c. Delme.

BAUMBIEDERSTORF. *V.* BAMBIDERSTROFF.

BAZONCOURT (*Basonhofen*), 370 h. ⚕ ☎. Moselle, ar. Metz-C., c. Pange. ✉ 🚂 Sanry-s.-Nied, 2 k. 2.

BEAUMARAIS, 949 h. ☎ 🚂. Sarre, ar. Sarrelouis, c. ✉ ⚕ Wallerfangen.

BEAUREGARD, ce de Thionville, Moselle.

BEBELNHEIM, *V.* BEBLENHEIM.

BEBELSHEIM, 605 h. ✉ ⚕ ☎. Sarre, ar. St-Ingbert, c. Blieskastel. 🚂 Blise-Ebersing, 5 k.

BEBING, 200 h. ⚕ ☎. Moselle, ar. c. Sarrebourg. ✉ 🚂 de Heming, 3 k. et 🚂 Imling, 2 k.

BEBLENHEIM (*Bébelnheim*), 958 h. ✉ ⚕ ☎. H.-Rhin, ar. Ribeauvillé, c. Kaysersberg, 🚂 Ostheim-Beblenheim, 2 k. 5

BECHHOFEN, 950 h. ✉ ⚕ ☎. Sarre, ar. c. 🚂 Homburg, 7 k.

BECHY (*Bechingen*), 443 h. ✉ ⚕ ☎. Moselle, ar. Metz-C., c. Pange. 🚂 Rémilly, 4 k.

BECKERHOLTZ (*Beckerholz*), ⚕ ☎, ce de Filstroff, Moselle.

BECKINGEN, 1467 h. ✉ ⚕ ☎ 🚂, Sarre, ar. Merzig, c. Haustadt.

BEDERSDORFF, 238 h. Sarre, ar. 🚂 Sarrelouis, c. Kerlingen. ✉ ⚕ ☎ Ittersdorf.

BEEDEN-SCHWARZENBACH, 1014 h. ☎, Sarre, ar. c. ✉ ⚕ 🚂 Homburg 3 k. 4.

BEFEY, ce de Villers-Bettnach, Moselle.

BEHLENHEIM, 213 h. B.-Rhin, ar. Strasbourg-C., c. Truchtersheim. ✉ ⚕ ☎ 🚂 tram. Wiwersheim, 1 k.

BEHREN, ⚕ ☎. ce de Kerbach, Moselle.

BEIERN, *V.* BEYREN.

BEINHEIM, 1039 h. ✉ ⚕ ☎ 🚂. B.-Rhin, ar. Wissembourg, c. Seltz.

BELCHENTHAL, ce de Murbach H.-Rhin.

BELLANGE (*Bællingen*), 166 h. ⚕ ☎. Moselle, ar. c. Château-Salins. ✉ 🚂 Haboudange, 4 k.

BELLEFOSSE (*Bellfuss* et *Schöngrun*), 271 h. ⚕ ☎. B.-Rhin, ar. Molsheim, c. Schirmeck. ✉ Waldersbach, 🚂 Fouday, 3 k. 8.

BELLEMAGNY (*Baronsweiler*), 173 h. ⚕ ☎. H.-Rhin, ar. Altkirch, c. 🚂 Dannemarie 10 k., ✉ Traubach le-Haut.

BELLEVUE, ce de Norroy-le-Veneur, Moselle.

BELLEVUE, 150 h. banlieue de Strasbourg, B.-Rhin.

BELMACH, ce de Apach, Moselle.

BELMONT ou BELMONT-de la-ROCHE (*Schönberg*), 311 h. ⚕ ☎ 🚂. B.-Rhin, ar. Molsheim, c. Villé, ✉ Waldersbach, 🚂 Fouday, 6 k.

BENDORFF (*Bendorf*), 106 h. ⚕ ☎. H.-Rhin, ar. c. Altkirch, 4 k. ✉ 🚂 c. Ferrette, 4 k.

BENESTROFF (*Bensdorf*), 491 h. ✉ ⚕ ☎ 🚂. Moselle, ar. Château-Salins, c. Albestroff.

BENFELD, 2610 h. ✉ ⚕ ☎ 🚂. B.-Rhin, ar. Erstein, ch.-l. c. 463 k. Paris.

BENING-LES-RORBACH (*Biningen*), 1100 h. ⚕ ☎. Moselle, ar. Sarreguemines, c. ✉ 🚂 Rorbach.

BENING-LES-St-AVOLD, 513 h. ✉ ⚕ ☎ 🚂. Moselle, ar. Forbach, c. St-Avold.

BENINGEN, ce de Harprich, Moselle.

BENNWIHR (*Bennweier*), 990 h. ✉ ⚕ ☎ 🚂. 3 k. 1, H.-Rhin, ar. Ribeauvillé, c. Kaysersberg.

BENSDORF, *V.* BÉNESTROFF.

BENVANGE, *V.* BÉVANGE.

BERENTZWILLER (*Bérenzweiler*), 310 h. ⚕ ☎. H.-Rhin, ar. Altkirch, c. 🚂 Altkirch, 13 k. ✉ Jettingen.

BERG, 557 h. ✉ ⚕ ☎. B.-Rhin, ar. Saverne, c. Drulingen. 🚂 Adamswiller, 6 k.

BERG-LES-FIXEM, 203 h. Moselle, ar. Thionville-Est, c. Cattenom. ✉ ⚕ ☎ Fixem. 🚂 Malling, 4 k. 4.

BERG, *V.* BÉRIG.

BERGBIETEN, 561 h. ✉ ⚕ ☎. B.-Rhin, ar. Molsheim, c. Wasselonne. 🚂 Soultz-les-Bains, 2 k. 6.

BERGHEIM, 1956 h. ✉ ⚕ ☎.

H.-Rhin, ar. c. Ribeauvillé, 2 k. 8.

BERGHOLTZ (*Bergholz*), 539 h. H.-Rhin, ar. c. ⊠ de Guebwiller, 3 k. 5.

BERGHOLTZ-ZELL, 392 h. H.-Rhin, ar. c. ⊠ Guebwiller, 4 k.

BERGWEILER, 358 h. Sarre, ar. Ottweiler, c. ⊠ Tholey, 3 k.

BERIG (*Berg*), 317 h. Moselle, ar. Forbach, c. ⊠ Gros-Tenquin. Morhange, 5 k.

BERLING (*Berlingen*), 294 h. ⊠ Moselle, ar. Sarrebourg, c. Phalsbourg.

BERLIZE, ce de Bazoncourt, Moselle.

BERMERING, 411 h. ⊠ Moselle, ar. Château-Salins, c. Albestroff. Rodalberg-Bermering.

BERNARDSWILER-BARR (*Bernardsweiler*), 274 h. B.-Rhin, ar. Schlestadt. ⊠ Itterswiller. Epfig, 4 k.

BERNARDSWILLER - OBERNAI, 897 h. ⊠ B.-Rhin, ar. Erstein, c. Obernai, 3 k.

BERNOLSHEIM, 313 h. B.-Rhin, ar. Strasbourg-C., c. ⊠ Brumath, 3 k.

BERNWILLER (*Bernweiler*), 476 h. H.-Rhin, ar. Thann, c. Cernay. ⊠ Balschwiller. Burnhaupt-le-Haut, 8 k.

BERRWILLER, *V.* BERWEILER et BERVILLER.

BERSCHWEILER, 624 h. Sarre, ar. Ottweiler, c. ⊠ Dirmingen, 2 k.

BERSCHWEILER, 210 h. Sarre, ar. Sarrebruck. c. ⊠ tram. Heusweiller, 3 k.

BERSTETT, 611 h. B.-Rhin, ar. Strasbourg-C., c. Truchtersheim. ⊠ Wendenheim, 5 k.

BERSTHEIM, 276 h. B.-Rhin, ar. c. Haguenau. ⊠ de Mommenheim, 6 k.

BERTHELMING, 699 h. ⊠ Moselle, ar. Sarrebourg, c. Fénétrange.

BERTHSCHWILLER, ce de Berrwiller, Moselle.

BERTRANGE (*Bertringen*), 401 h. Moselle, ar. ⊠ Thionville-Est, c. Metzerwisse. Uckange, 1 k. 4.

BERTRING, 201 h. Moselle, ar. Forbach, c. ⊠ Gros-Tenquin. Morhange, 7 k.

BERTSCHWILLER, ce de Berwiller, H.-Rhin.

BERUPT, ce de Sécourt, Moselle.

BERUS, 1063 h. ⊠ Sarre, ar. Sarrelouis, ch.-l. c. Felsberg, 2 k. 5 et Ueberherrn, 2 k. 3.

BERVILLER, *V.* BERWILLER.

BERWEILLER, 357 h. Moselle, ar. Boulay, c. Bouzonville. ⊠ Teterchen. Hargarten, 7 k.

BERWILLER (*Berrweiler*), 713 h. H.-Rhin, ar. Guebwiller, c. Soultz. ⊠ Hartmannswiller. Bollwiller, 4 k.

BESANGE, *V.* BEZANGE.

BESSERINGEN, 1582 h. ⊠ Sarre, ar. Merzig, c. Mettlach.

BESSINGEN, *V.* BASSING.

BENE (La) ou BETHLEEM, ce de Orbey, H.-Rhin.

BETTANGE (*Bettingen*), 191 h. Moselle, ar. c. ⊠ Boulay. Anzeling, 3 k. *v.* Betting.

BETTBORN, 317 h. Moselle, ar. Sarrebourg, c. Fénétrange. ⊠ Berthelming, 2 k.

BETTELAINVILLE, *V.* BETTLAINVILLE.

BETTELI, ce de Baerenthal, Moselle.

BETTENDORFF, 363 h. H.-Rhin, ar. Altkirch, c. ⊠ Hirsingue.

BETTENHOFEN, ce de Gambsheim, H.-Rhin.

BETTING, 343 h. Moselle, ar. Forbach, c. St-Avold, c. ⊠ Bening-les-St-Avold, 3 k. *v.* Bettange.

BETTINGEN, 1138 h. ⊠ Sarre, ar. Sarrelouis, ch.-l. c. *v.* Bettange et Betting.

BETTLACH, 220 h. H.-Rhin, ar. Altkirch, c. Ferrette. ⊠ Oltingen. Werentzhouse, 5 k. 2.

BETTLAINVILLE (*Bettsdorf*),

436 h. Moselle, ar. Thionville-Est. c. Metzerwisse. Luttange.
BETTRINGEN, ce de Holving, Moselle.
BETTSDORF, V. BETTLAINVILLE.
BETTSTADT, 260 h. ce de Piesbach-Bettstadt, Sarre.
BETTSTEIN, ce de Boulange, Moselle.
BETTWILLER (*Bettweiler*), 334 h. B.-Rhin, ar. Saverne, c. Drulingen, 2 k. 5.
BETTWILLER, 969 h. Moselle, ar. Sarreguemines, c. de Rorbach, 5 k.
BEUERN, V. BURE.
BEUTINGEN, ce de Bouzonville, Moselle.
BEUVANGE, V. BEVANGE.
BEUX (Basse et Haute), (*Niedelbö*), 193 h. Moselle, ar. Metz-C., c. Pange, Rémilly. Sanry-s.-Nied, 5 k.
BEVANGE-sous-JUSTBERG, ce de Vitry, Moselle.
BEVANGE devant St-MICHEL ou BEUVANGE, ce de Volckrange, Moselle.
BEVANGE-BASSE, ce de Richemont, Moselle.
BEXBACH, V. NIEDER et OBER-BEXBACH, Sarre.
BEYREN (*Beiern*), 459 h. Moselle, ar. Thionville-Est, c. Cattenom. Fixem, 3 k. 5.
BEZANGE-LA-PETITE (*Klein-Bessingen*), 221 h. Moselle, ar. Château-Salins, c. Vic, 12 k. Lezey.
BIBERKIRCH, V. BIEBERSKIRCH.
BIBICHE (*Bibisch*), 409 h. Moselle, ar. Boulay, c. de Bouzonville, 6 k.
BIBLINGEN, ce de Merten, Moselle
BIBLISHEIM, 243 h. B.-Rhin, ar. Wissembourg, c. Woerth-s.-Sauer. Walbourg.
BICKENHOLTZ (*Bikenholz*), 151 h. Moselle, ar. Sarrebourg, c. Fénétrange. Schalbach. Rieding, 12 k.
BIDESTROFF (*Biedersdorf*), 260 h. Moselle, ar. Château-Salins, c. Dieuze. Vergaville, 5 k.
BIDING (*Büdingen*), 356 h. Moselle, ar. Forbach, c. Gros-Tenquin. Maxstadt. St-Avold, 8 k.
BIDINGEN, ce de Hombourg, Moselle.
BIDLING. V. BUDLING.
BIEBERSKIRCH (*Biberkirch*), 743 h. Moselle, ar. c. Sarrebourg. de Vallérysthal-Trois-Fontaines, 1 k.
BIEDERTHAL, 256 h. H.-Rhin, ar. Altkirch, c. Ferrette. Wolschwiller. Werentzhouse.
BIEDESDORF, V. BIDESTROFF.
BIERBACH, 800 h. Sarre, ar. St-Ingbert, c. Blieskastel.
BIESHEIM (*Büssisheim*), 1275 h. H.-Rhin, ar. Colmar. Neuf-Brisach-Ville, 2 k.
BIESINGEN, 505 h. Sarre, ar. St-Ingbert, c. Blieskastel, 6 k. Asswiller.
BIETLENHEIM, 136 h. B.-Rhin, ar. Strasbourg-C., c. Brumath. Weyersheim, 1 k.
BIETSCHIED, 48 h. Sarre ar. Sarrebrück, c. tram. Heusweiler.
BIETZEN, 484 h. Sarre, ar. c. Merzig.
BIKENHOLZ, V. BICKENHOTZ.
BILDSTOCK, 3099 h. ce Friedrichsthal, Sarre.
BILSDORF, 348 h. Sarre, ar. Sarrelouis, c. Nalbach.
BILTZHEIM (*Bilzheim*), 231 h. tram. H.-Rhin, ar. Guebwiller, c. Ensisheim. Oberentzen.
BILWISHEIM, 295 h. tram. B.-Rhin, ar. Strasbourg-C., c. Brumath, Wingersheim. halte Stephansfeld.
BILZHEIM, V. BILTZHEIM.
BINDERNHEIM, 770 h. B.-Rhin, ar. Schlestadt, c. Marckolsheim. Hilsenheim. Wittisheim, 3 k.
BINGEN a/NIED, V. BIONVILLE.
BINING-LES-RORBACH, V. BENING.

BINSHOF, c^e de Roden, Sarre.
BIONCOURT (*Blonshofen*), 316 h. Moselle, ar. c. Château-Salins. Chambrey, 9 k.
BIONVILLE (*Bingen a/Nied*), 406 h. Moselle, ar. c. Boulay. Courcelles, 6 k. 5.
BIRELBACH, V. Birlenbach.
BIRINGEN, 260 h. Sarre, ar. Sarrelouis, c. Oberesch. Kerprich-Hemmersdorf, 7 k. et Fremersdorf, 8 k.
BIRKENWALD, 421 h. B.-Rhin, ar. Saverne, c. de Marmoutier, 4 k. 5.
BIRLENBACH, 344 h. B.-Rhin, ar. Wissembourg, c. Soultz-s.-Forêts, 6 k. Hunspach.
BISCHDORF ou BISDORF, V. Bistroff.
BISCHEMBERG, c^e de Bischoffsheim, B.-Rhin.
BISCHHEIM, 9865 h. tram. B.-Rhin, ar. Strasbourg-C., c. Schiltigheim.
BISCHMISHEIM, 2057 h. Sarre, ch.-l. c. ar. Sarrebrück.
BISCHHOLTZ ou BISCHOFHOLZ, 244 h. B.-Rhin, ar. Saverne, c. Bouxwillers. Rothbach. Ingwiller, 5 k.
BISCHOFFSHEIM, 1488 h. B.-Rhin, ar. Molsheim, c. Rosheim.
BISCHWIHR (*Bischweler*), 339 h. H.-Rhin, ar. Colmar, c. Andolsheim.
BISCHWILLER (*Bischweiler*), 8149 h. B.-Rhin, ar. Haguenau, ch.-l. c. 447 k. de Paris.
BISEL, 568 h. H.-Rhin ar. Altkirch, c. Hirsingue, 6 k. 5.
BISINGEN, c^e de Grindorf, Moselle.
BISPING, 441 h. Moselle, ar. Sarrebourg, c. Fénétrange. Loudrefing, 7 k.
BISSCHHOFEN, V. Bitschhoffen.
BISSERT, 233 h. B.-Rhin, ar. Saverne, c. Saar-Union. Harskirchen. Schopperten, 3 k.
BISTEN, 334 h. Sarre, ar. Sarrelouis, c. Berus. Ueberherrn, 1 k. 2.
BISTEN im LOCH, 308 h. Moselle, ar. c. Boulay. Niederwisse. Ueberherrnn, 2 k. et Creutzwald-la-Croix.
BISTROFF (*Bistorf*), 393 h. Moselle, ar. Forbach, c. de Gros-Tenquin. Morhange, 8 k.
BITCHE (*Bitsch*), 4290 h. Moselle, ar. Sarreguemines, ch.-l. c. à 468 k. de Paris.
BITSCHHOFFEN (*Bisschhofen*), 295 h. B.-Rhin, ar. Haguenau, c. Niederbronn. Pfaffenhoffen, 2 k.
BITSCHWILER (*Bitschweiler*), 2316 h. H.-Rhin, ar. c. Thann.
BIZINGEN, V. Bannay.
BLADOLTZHEIM, V. Blodelsheim.
BLAESHEIM (*Bläsheim*), 827 h. B.-Rhin, ar. Erstein, c. Geispolsheim, 6 k.
BLANCHE-EGLISE (*Weisskirchen*), 145 h. Moselle, ar. Château-Salins, c. de Dieuze, 4 k.
BLANCHEN ou BLANSCHEN, c^e de Goldbach, H.-Rhin.
BLANCHERUPT (*Bliensbach*), 102 h. B.-Rhin, ar. Molsheim, c. Schirmeck. Fouday, 3 k.
BLASHEIM, V. Blaesheim.
BLEN, V. Plaine.
BLETTINGEN, c^e de Bousse, Moselle.
BLICKWEILER, 980 h. Sarre, ar. St Ingbert, c. Blieskastel.
BLIENSBACH, V. Blancherupt.
BLIENSCHWILLER (*Blienschweiler*), 709 h. B.-Rhin, ar. Schlestadt, c. Barr. Dambach, 3 k. 2.
BLIESBERGERHOF, c^e de Limbach, Sarre.
BLIESBOLCHEN, V. Bolchen.

BLIESBRUCK, c° de Limbach, Sarre.

BLIESBRUCK (*Bliesbrucken*), 801 h. Moselle, ar. c. Sarreguemines.

BLIESCASTEL, V. Blieskastel.

BLIESDALHEIM, 459 h. Sarre, ar. St-Ingbert, c. Blieskastel, Herbitzheim.

BLIES-EBERSING, V. Blise-Ebersing.

BLIESEN, 1267 h. Sarre, ar. St-Wendel, 4 k. c. Alsweiler.

BLIESGERSWEILER, V. Blise-Guerswiller.

BLIESKASTEL, 1563 h. Sarre, ar. St-Ingbert, ch.-l. c.

BLIESMENGEN, 1030 h. Sarre, ar. St-Ingbert, c. Blieskastel. Bliesbolchen. Blise-Ebersing, 4 k.

BLIESRANSBACH, 893 h. Sarre, ar. Sarrebrück, c. Bischmisheim. Klein-blittersdorf, 3 k.

BLIESSCHWEYEN, c° de Blise-Guerswiller, Moselle.

BLISE-EBERSING, 394 h. Moselle, ar. c. Sarreguemines. Frauenberg.

BLISE-GUERSWILLER, 372 h. Moselle, ar. c. Sarreguemines. Frauenberg.

BLODELSHEIM (*Bladoltzheim*), 908 h. H.-Rhin, ar. Guebwiller, c. Ensisheim. Bantzenheim, 9 k.

BLOTZHEIM, 2525 h. H.-Rhin, ar. Mulhouse, c. Huningue.

BOCKOLTZ (La), c° de Audun-le-Tiche, Moselle.

BOCKWEILER ou BOCEK-WEILER, 465 h. Sarre, ar. c. Deux-Ponts. Altheim. Bliesdalheim, 3 k.

BOELLINGEN, V. Bellange.

BOERSCH (*Börsch*), 1303 h. B.-Rhin ar. Molsheim, c. Rosheim.

BOESENBIESEN (*Bösenbiesen*), 266 h. B.-Rhin, ar. Schlestadt, 10 k. c. Marckholsheim. Baldenheim.

BOLCHEN (*Bliesbolchen*), 40 h. c° Bliesmengen, Sarre.

BOLCHEN, V. Boulay.

BOLLINGEN, V. Boellingen et Boulange.

BOLLWILLER (*Bollweiler*), 1154 h. H.-Rhin, ar. Colmar, c. Soultz.

BOLSENHEIM, 341 h. B.-Rhin, ar. c. Erstein, 4 k. 9.

BOLZENBERG, c° de Bubach, Sarre.

BOMMERSBACHERHOF, c° de Griesborn, Sarre.

BONHOMME (Le) (*Diedolhausen*), 1134 h. H.-Rhin, ar. Ribeauvillé, c. La Poutroye, 5 k. 5.

BOOFZHEIM, 958 h. B.-Rhin, ar. Erstein, c. Benfeld.

BOOTZHEIM, 401 h. tram. B.-Rhin, ar. Schlestadt, c. Marckolsheim. Mackenheim.

BOOZHEIM, V. Boofzheim et Bootzheim.

BORDES (LES), c° de Borny, Moselle.

BORNERHOF, c° de Furschweiler, Sarre.

BORNY (*Bornen*), 1978 h. Moselle, ar. c. Metz-C., 4 k.

BORSCH, V. Boersch.

BORTENACH, V. Bourdonnaye.

BOSENBIESEN, V. Boesenbiesen.

BOSSELSHAUSEN, 256 h. B.-Rhin, ar. Saverne, c. Bouxwillers, 4 k.

BOSSENDORF, 356 h. B-Rhin, ar. Strasbourg-C., c. Hochfelden, 4 k.

BOUCHEPORNE (*Buschborn*), 402 h. Moselle, ar. c. Boulay, 1 k.

BOUDANGE, V. Budange et Biding, Buding.

BOUILLE, c° de Ste-Croix-aux-Mines, H.-Rhin.

BOULANGE (*Bollingen*), 1757 h. Moselle, ar. Thionville-Ouest, c. Fontoy.

BOULAY (*Bolchen*), 2218 h. Moselle, ch.-l. ar. c. 343 k. Paris.

BOUQUENOM, V. Saar-Union.

BOURBACH (*Burbach*), 445 h. B.-Rhin, ar. Saverne,

c. Drulingen. ⊠ Pistorf, 3 k.

BOURBACH-LE-BAS (*Nieder-Burbach*), 657 h. ⊠ H.-Rhin, ar. c. Thann. Cernay et Sentheim, 2 k.

BOURBACH-LE-HAUT (*Ober-Burbach*), 462 h. H.-Rhin, ar. c. Thann. ⊠ de Bourbach-le-Bas. Massevaux et Sentheim.

BOURDONNAYE (*Bortenach*), 560 h. ⊠ Moselle, ar. Château-Salins, c. Vic. Azoudange, 6 k.

BOURGALTROFF (*Burgaltdorf*), 389 h. Moselle, ar. Château-Salins, c. Dieuze. ⊠ Guebling, 2 k.

BOURG-BRUCHE (*Breuschweiler*), 665 h. ⊠ B.-Rhin, ar. Molsheim, c. Saales.

BOURGFELDEN (*Burgfelden*), 1399 h. ⊠ H.-Rhin, ar. Mulhouse, c. Huningue, St-Louis, 1 k.

BOURSCHEID, 100 h. Moselle, ar. Sarrebourg, c. Phalsbourg, 5 k. ⊠ Mittelbronn.

BOURTONCOURT, V. BURTONCOURT.

BOUS, 2010 h. ⊠ tram. Sarre, ar. Sarrelouis, c. Schwalbach.

BOUSBACH (*Buschbach*), 502 h. Moselle, ar. c. ⊠ Forbach, 9 k.

BOUSSANGE (*Bussingen*), ⊠ cᵉ de Gandrange, Moselle.

BOUSSE (*Buss*), 331 h. Moselle, ar. Thionville-Est, c. Metzerwisse. ⊠ Hagondange, 4 k. 5.

BOUSSEVILLERS ou BOUSSVILLER (*Busweiler*), 236 h. Moselle, ar. Sarreguemines, c. Volmunster. ⊠ Hanviller. Biche, 9 k. 4. V. BOUXWILLER et BUESWILLER.

BOUST (*Bust*), 443 h. Moselle, ar. Thionville-Ouest, c. Cattenom. ⊠ Hettange-la-Grande, 4 k.

BOUSTROFF (*Buschdorf*), 160 h. Moselle, ar. Forbach, c. Gros-Tenquin. ⊠ Faulquemont, 6 k.

BOUXWILLER (*Buchsweiler*), 3035 h. ⊠ B.-Rhin, ar. Saverne, ch.-l. c. 429 k. Paris. V. BOUSSEVILLER et BUESWILLER.

BOUXWILLER (*Buchsweiler*), 308 h. H.-Rhin, ar. Altkirch, c. Ferrette. ⊠ Werentzhouse, 2 k.

BOUXWILLER (*Buschweiler*), 640 h. H.-Rhin, ar. Mulhouse, c. Huningue. ⊠ Hegenheim. St-Louis, 5 k.

BOUZONVILLE (*Buzendorf*), 2176 h. ⊠ Moselle, ar. Boulay, ch.-l. c. 329 k. Paris.

BRAUWEILER, V. BROUVILLER.

BREBACH, 2038 h. ⊠ tram. Sarre, ar. Sarrebruck, c. Bischmisheim.

BRECHAUMONT (*Brückensweiler*), 330 h. H.-Rhin, ar. Altkirch, c. Dannemarie, 7 k. ⊠ Traubach-le-Haut.

BRECHLINGEN, cᵉ de Boulay, Moselle.

BRECHLINGEN, cᵉ de Wasselonne, B.-Rhin.

BRECKLANGE (*Brechlingen*), cᵉ de Hinckange, Moselle.

BREHAIN (*Bruckheim*) 190 h. Moselle, ar. Château-Salins, c. Delme. ⊠ Marthil. Brulange.

BREIDENBACH, 681 h. ⊠ Moselle, ar. Sarreguemines, c. Volmunster. Bitche, 12 k.

BREISTROFF-LA-GRANDE (*Breisdorf*), 413 h. Moselle, ar. Thionville-Est, c. Cattenom. ⊠ Rodemack, 1 k. 5.

BREISTROFF-LA-PETITE, cᵉ de Oudren, Moselle.

BREITENAU, 302 h. B.-Rhin, ar. Schlestadt, c. Villé, 8 k. ⊠ Fouchy.

BREITENBACH, 954 h. ⊠ B.-Rhin, ar. Schlestadt, c. Villé.

BREITENBACH, 1118 h. ⊠ H.-Rhin, ar. Colmar, c. Munster.

BREITFURT, 633 h. ⊠ Sarre, ar. St-Ingbert, c. Blieskastel. Blickweiler, 2 k.

BREMMELBACH, 132 h. B.-

Rhin, ar. Wissembourg, c. Soultz-s.-Forêts. Hunspach, 6 k.

BREMUHL, c° de Herrlisheim, H.-Rhin.

BRENSCHELBACH, 465 h. Sarre, ar. c. Deux-Ponts, 15 k. Hornbach.

BRETTEN, 156 h. H.-Rhin, ar. Altkirch, c. Dannemarie. Soppe-le-Bas. Burnhaupt-le-Haut.

BRETTENACH (*Brettnach*), 376 h. Moselle, ar. Boulay, c. Bouzonville.

BREUSCH-URBACH, V. FOUDAY (*Urbach*).

BREUSCHWEILER, V. BOURG-BRUCH.

BREUSCHWICKERSHEIM, V. BRUCHWICKERSHEIM.

BRIFOSSE, c° de Ste-Marie-aux Mines, H.-Rhin.

BRINCKHEIM, 213 h. H.-Rhin, ar. Mulhouse, c. Landser. Bartenheim, 2 k. 7.

BRINIGHOFFEN (*Brünighofen*), 158 h. H.-Rhin, ar. c. Altkirch. Spechbach-le-Bas. Illfurth, 5 k.

BRIQUETERIE (La), c° de Thionville, Moselle.

BRISCHDORF, V. PREUSCHDORF.

BRITTENDORF, V. BURTONCOURT.

BRONVAUX (*Brunwals*), 255 h. Moselle, ar. c. Metz-C. Marange-Silvange. Maizières, 7 k.

BROQUE (La) (*Vorbruck*), 3248 h B.-Rhin, ar. Molsheim. Schirmeck, 1 k. 5.

BROTDORF, 1250 h. Sarre, ar. c. Merzig.

BROUCH ou BROUCK (*Brucken*). 129 h. Moselle, ar. c. Boulay. Condé-Northen, 7 k.

BROUCK, c° de Uckange, Moselle.

BROUDERDORF ou BROUDERSDORFF (*Bruderdorf*), 598 h. Moselle, ar. c. Sarrebourg, 6 k. Niederwiller.

BROUVILLER (*Brauweiler*), 418 h. Moselle, ar. Sarrebourg, c. Phalsbourg. Lixheim. Rieding, 6 k.

BRUBACH, V. BRUEBACH.

BRUCH, V. BRÉHAIN.

BRUCHEN, V. BROUCH ou BROUCK.

BRUCHHEIM, V. BRÉHAIN.

BRUCHHOF-SCHELMENKOPF 288 h. c° de Homburg, Sarre.

BRUCHKASTEL, V. CHATEAU-BRÉHAIN.

BRUDERDORF, V. BROUDERSDORFF.

BRUEBACH (*Brübach*), 523 h. H.-Rhin, ar. Mulhouse, 7 k. c. Landser.

BRUKENSWEILER, V. BRÉCHAUMONT.

BRUCKWEIERHOF, c° de Kohlhof, Sarre.

BRULANGE (*Brüllingen*), 207 h. Moselle, ar. Forbach, c. Gros-Tenquin.

BRUMATH, 5542 h. B.-Rhin, ar. Strasbourg-C. ch.-l. c. 442 k. Paris.

BRUNIGHOFEN, V. BRINIGHOFFEN.

BRUNSTALT, 3594 h. H.-Rhin, ar. c. Mulhouse.

BRUNWALS, V. BRONVAUX.

BRUSCHWERCK, c° de Dinsheim, B.-Rhin.

BRUSCHWICKERSHEIM (*Breuschwikersheim*), 634 h. tram. B.-Rhin, ar. Strasbourg-C., c. Schiltigheim.

BUBACH - KALMESWEILER, 885 h. Sarre, ar. Ottweiler, c. Eppelborn.

BUBINGEN, 431 h. Sarre, ar. Sarrebrück, c. Bischmisheim.

BUCHENSCHACHEN, 1032 h. c° Guichenbach, Sarre.

BUCHINGEN, V. BUCHY.

BUCHINGEN, c° de Piblange, Moselle.

BUCH-I-LOTHRINGEN, V. FÉY.

BUCHMUHL, c° de Surbourg, B.-Rhin.

BUCHSDORF, V. BOUSTROFF.

BUCHSEID, c° de Boersch, B.-Rhin.

BUCHSWEILER, V. BOUXWILLER, B.-Rhin et H.-Rhin.

BUCHY (*Buchingen*), 120 h. Moselle, ar. Metz-C., c.

Verny. ⊠ Solgne. Vigny, 3 k.
BUDANGE (*Büdingen*), c° de Hombourg-Budange, Moselle.
BUDING-LES-METZERWISSE (*Budingen*), 304 h. Moselle, ar. Thionville-Est, c. ⊠ Metzerwisse, 3 k. 7.
BUDINGEN, 292 h. Sarre, ar. Merzig, 6 k. c. ⊠ Hilbringen.
BUDING, c° de Fameck, Moselle.
BUDINGEN, V. BIDING, BUDANGE et BUDING.
BUDLING (*Bidlingen*), 181 h. Moselle, ar. Thionville-Est, c. ⊠ Metzerwisse, 8 k.
BUECHELBERG, c° de Phalsbourg, Moselle.
BUEHL, V. BUHL.
BUESWILLER (*Büsweiler*), 252 h. B.-Rhin, ar. Saverne, c. Bouxwiller. ⊠ Ringendorf. Ettendorf, 2 k. V. BOUSSEVILLER et BOUXWILLER.
BUETHWILLER ou BUETWILLER (*Bütweiler*), 217 h. H.-Rh ar. Altkirch, c. ⊠ Dannemarie, 6 k.
BUHL (*Bühl*), 3347 h. ⊠ H.-Rhin, ar. c. Guebwiller.
BUHL, 765 h. Moselle, ar. c. ⊠ Sarrebourg, 3 k.
BUHL, 503 h. ar. Wissembourg, c. Seltz. ⊠ Niederroedern, 4 k.
BUPRICH, 739 h. c° de Hutlersdorf, Sarre.
BURBACH, V. BOURBACH.
BURBACH, ⊠ dép. de Sarrebruck, Sarre. V. MALSTATT-BURBACH.
BURE (*Beuern*), c° de Tressange, Moselle.
BUREN, 582 h. ⊠ Sarre, ar. Sarrelouis, c. Rehlingen.
BURGALTDORF, V. BOURGALTROF.
BURGBREUSCH, V. BOURGBRUCHE.
BURGHEIM, 104 h. B.-Rhin, ar. Erstein, c. Obernai. ⊠ Gertwiller. Barr, 4 k. et Goxwiller, 2 k.
BURG-RUETTGEN, V. Roussy-le-Village, Moselle.
BURGUND, c° de Ste-Marie-aux-Mines, H.-Rhin.
BURLIONCOURT (*Burlingshofen*), 296 h. Moselle, ar. c. Château-Salins. ⊠ Hampont, 2 k. 5.
BURNHAUPT-LE-BAS (*Niederburnhaupt*), 790 h. H.-Rhin, ar. Thann, c. Cernay. ⊠ Burnhaupt-le-H^t, 3 k.
BURNHAUPT-LE-HAUT (*Oberburnhaupt*), 918 h. ⊠ H.-Rhin, ar. Thann, c. Cernay.
BURTONCOURT (*Brittendorf*), 210 h. Moselle, ar. Metz-C., c. Vigy. ⊠ Gommelange. Piblange, 4 k.
BURZWILLER, c° Illzach, H.-Rhin.
BUSCHBACH, V. BOUSBACH.
BUSCHBORN, V. BOUCHEPORNE.
BUSCHDORF, V. BOUSTROF.
BUSCHWEILER, V. BOUXWILLER.
BUSENDORF, V. BOUZONVILLE.
BUSS, V. BOUSSE.
BUSSINGEN, V. BOUSSANGE.
BUSSINGEN, c° de Gandrange, Moselle.
BUSSISHEIM, V. BIESHEIM.
BUST, V. BOUST et BUST.
BUST, 546 h. ⊠ B.-Rhin, ar. Saverne, c. Drulingen.
BUSWEILER, V. BUESWILLER BOUSSEWILLER et BOUXWILLER.
BUTTEN, 784 h. B.-Rhin ar. Saverne, c. Saar-Union. ⊠ Diemeringen, 4 k.
BUTWEILER, V. BUETWILLER.
BUZENDORF, V. BOUZONVILLE.

C

CALMESWEILER, V. KALMESWEILER.
CAMPHAUSEN, V. KAMPHAUSEN.
CAPPELLE (*Cappel*), 359 h. Moselle, ar. Forbach, c. ⊠ St-Avold. Farschwiller, 6 k.
CARLING (*Karlingen*), 1346 h.

⊠ . Moselle, ar. Forbach, c. St-Avold.

CARLSBRUNN (*Karlsbrunn*), 210 h. ⊠ . Sarre, ar. Sarrebrück c. Ludweiler. L'Hôpital, 2 k.

CARSPACH (*Karspach*), 1518 h. ⊠ . H.-Rhin, ar. c. Altkirch.

CASTWILLER (*Kaschweiler*), ce de Hilsprich, Moselle.

CATTENOM (*Kattenhofen*), 834 h. ⊠ . Moselle, ar. Thionville-Est, ch.-l. c. 345 k. Paris.

CERNAY (*Sennheim*), 5130 h. ⊠ . H.-Rhin, ar. Thann, ch.-l. c. 471 k. Paris.

CHAILLY-LES-ENNERY (*Keltenchen*), 212 h. Moselle, ar. Metz-C., c. Vigy, 6 k. ⊠ Ay-s.-Moselle.

CHAILLY-s.-NIED, ce de Courcelles-les-Metz, Moselle.

CHALAMPE (*Eichwald*), 332 h. . H.-Rhin, ar. Mulhouse, c. Habsheim. ⊠ Bantzenheim.

CHAMBRE (LA) (*Kammern*), 436 h. . Moselle, ar. Forbach, c. ⊠ St-Avols, 2 k. 5.

CHAMBREY (*Kambrich*), 754 h. ⊠ . Moselle, ar. c. Château-Salins.

CHAMPAGNERMÜHLE, ce Rheinardmunster, B.-Rhin.

CHAMPENAY, ce de Plaine, B.-Rhin.

CHANVILLE (*Hanhausen*), 156 h . Moselle, ar. Metz-C., c. Pange. ⊠ Rémilly, 5 k.

CHAPELLE (LA), ce de La Baroche, H.-Rhin.

CHAPELLE (LA), ce de Schlestadt, B.-Rhin.

CHARBES (*Mittelscher*), ce de Lalaye, B.-Rhin.

CHARLEVILLE (*Karlheim*), 267 h. . Moselle, ar. Metz-C., c. Vigy. ⊠ Boulay, 6 k. 5.

CHARLY (*Karlen*), 220 h. . Moselle, ar. Metz-C., c. Vigy. ⊠ St-Julien-les-Metz. Failly, 2 k. 5.

CHARTREUSE (LA), ce de Strasbourg, B.-Rhin.

CHATEAU-BREHAIN (*Bruch-Kastel*), 164 h. . Moselle, ar. Château-Salins, c. Delme. ⊠ Marthil. Haboudange, 9 k.

CHATEAU-ROUGE (*Rothendorf*), 172 h. . Moselle ar. Boulay, c. Bouzonville. ⊠ Brettnach.

CHATEAU-SALINS, 2402 h. ⊠ . Moselle, ch.-l. ar. c. 356 h. Paris.

CHATEAU-VOUÉ (*Dürkastel*), 157 h. . Moselle, ar. c. Château-Salins. ⊠ Hampont, 4 k.

CHATEL-St-GERMAIN (*St-German*), 965 h. ⊠ . Moselle, ar. Metz-C., c. Gorze.

CHATENOIS (*Kestenholz*), 2533 h. ⊠ . B.-Rhin, ar., c. Schlestadt.

CHAVANNES-SUR-L'ÉTANG (*Schaffnatt-a/-Weiher*), 360 h. . H.-Rhin, ar. Altkirch, c. Dannemarie. ⊠ Montreux-Vieux, 1 k. 6.

CHAZELLE, ce de Scy-Chazelles, Moselle.

CHELAINCOURT, ce de Flévy, Moselle.

CHEMERY, 78 h. Moselle, ar. Boulay, c. Faulquemont, ⊠ Brulange, 5 k.

CHEMERY-LES-DEUX (*Schemerich*), 484 h. . Moselle, ar. Boulay, c. Bouzonville. ⊠ Freistroff, 5 k.

CHEMINOT (*Kemnat*), 468 h. ⊠ . Moselle, ar. Metz-C., 5 k., c. Verny, Louvigny, 5 k. 5.

CHÊNE, ce de la Baroche, H.-Rhin.

CHÊNOIS (*Eichendorf*), 142 h. . Moselle, ar. Château-Salins, c. Delme, ⊠ Baudrecourt, Lesse, 1 k.

CHÉRISEY, 272 h. Moselle, ar. Metz-C., c. ⊠ Verny, Pommévieux-Verny, 4 k.

CHESNY, 210 h. Moselle, ar. Metz-C., c. Verny, ⊠ Peltre, 3 k.

CHEUBY, ce de Ste-Barbe, Moselle.

CHEVILLON, ce de Malzeroy, Moselle.

CHICOURT (*Diexingen*), 233 h.

Moselle, ar. Château-Salins, c. Delme, ⊠ Lucy, Baudrecourt, 8 k.
CHIEULLES, 82 h. Moselle, ar., c. Metz-C., ⊠ St-Julien, Failly, 3 k.
CITÉ DOLLFUS, ce de Dornach, H.-Rhin.
CLAQUETTE (LA), ce de la Broque, B.-Rhin.
CLARENTHAL (*Klarenthal*), 1246 h. ⊠ Sarre, ar. Sarrebrück, c. Gersweiler, 3 k.
CLÉEBOURG (*Kleeburg*), 549 h. ⊠ B.-Rhin, ar., c. Wissembourg, 8 k.
CLIMBACH (*Klimbach*), 458 h. B.-Rhin, ar., c. Wissembourg, ⊠ Lembach, 5 k.
CLIMONT, ce de Urbeis, B.-Rhin.
CLOUANGE (*Kluingen*), 3053 h. Moselle, ar. Thionville-Ouest, c. Moyeuvre Grande, ⊠ Rombas.
COCHELLE, ce de Thionville, Moselle.
COCHEREN (*Kochern*), 840 h. ⊠ Moselle, ar., c. Forbach.
ÇOINCY (*Konzich*), 140 h. Moselle, ar. Metz-C., 10 k., c. ⊠ Pange.
COIN-LES-CUVRY, 251 h. Moselle, ar. Metz-C., c. Verny, ⊠ Coin-s.-Seille.
COIN-s.-SEILLE, 182 h. ⊠ Moselle, ar. Metz-C., c. Verny.
COLLIGNY, 161 h. Moselle, ar. Metz-C., c. ⊠ Pange, 2 k. 5.
COLLN, *V.* Köln.
COLMAR, 43 808 h. ⊠ tram. H.-Rhin., ch.-l. dép., ar., c. Lignes de Bâle-Ensisheim-Fribourg-Marckolsheim-Metzeral-La Poutroye-Strasbourg-Wintzenheim, 450 k. de Paris.
COLMEN, 236 h. Moselle, ar. Boulay, c. Bouzonville. ⊠ Neunkirchen-les-Boulay, Guerstling, 5 k.
COLMINGEN, ce de Gommelange, Moselle.
COLROY-LA-ROCHE (CONROT), (*Köenigsfeld-Kolrein*), 405 h. B.-Rhin, ar. Molsheim, c. Saales, ⊠ St-Blaise, 2 k.
CONDÉ-NORTHEN (*Konichen*), 358 h. ⊠ Moselle, ar., c. Boulay.
CONROT, *V.* Colroy-la-Roche.
CONTCHEN, *V.* Condé-Northen.
CONTHIL, 324 h. ⊠ Moselle, ar., c. Château-Salins.
CONTZ (BASSE et HAUTE), *V.* Kontz.
CORNINGEN, *V.* Corny-s.-Moselle.
CORNY-s.-MOSELLE, 792 h. Moselle, ar. Metz-C., c. Gorze, ⊠ Novéant-Corny.
COSWILLER (*Kosweiler*), 376 h. B.-Rhin, ar. Molsheim, c. ⊠ Wasselonne, Romanswiller, 2 k.
COUBOLOT, ce Métairies-St-Quirin, Moselle.
COUME (*Kuhmen*), 564 h. Moselle, ar., c. ⊠ Boulay, 6 k. et Teterchen, 4 k.
COURCELLES-CHAUSSY (PONT-A-CHAUSSY), (*Kurzel*), 1160 h. ⊠ Moselle, ar. Metz-C., c. Pange.
COURCELLE-s.-NIED ou lès METZ (*Kurzel a/ Nied*), 300 h. ⊠ Moselle, ar. Metz-C., c. Pange.
COURTAVON (*Ottendorf*), 490 h. ⊠ H.-Rhin, ar. Altkirch, c. Ferrette, 12 k.
COUTURES (*Kollers*), 192 h. Moselle, ar., c. ⊠ Château-Salins, 2 k. 4.
CRAINCOURT (*Kranhofen*), 340 h. Moselle, ar. Château-Salins, c. ⊠ Delme. Puzieux, 3 k.
CRASTATT (*Krastatt*), 284 h. B.-Rhin, ar. Saverne, c. Marmoutier, ⊠ Wasselonne, Romanswiller, 3 k.
CRÉHANGE (*Kriechingen*), 370 h. Moselle, ar. Boulay, c. ⊠ Faulquemont, 2 k.
CRÉPY, ce de Peltre, Moselle.
CREUTZWALD-LA-CROIX (*Kreuzwald*), 2956 h. ⊠ Moselle, ar. Boulay, c. Bouzonville.

CREUX D'ARGENT, cᵉ de Orbey, H.-Rhin.

CROETTWILLER (*Krottweiler*), 136 h. B.-Rhin, ar. Wissembourg, c. Seltz. ⊠ ⚕ ☎ 🚂 Niederroedern, 4 k.

CROISIERE DES ROUTES, cᵉ de Aspach-le-Bas, H.-Rhin.

CROIX (La) (*Kreuz*), cᵉ de Sᵗ-François, Moselle.

CROIX (La), cᵉ de Steige, B.-Rhin.

CRONENBOURG (*Kronenburg*), 4 000 h. ⚕ ☎ 🚂 tram. Cᵉ de Strasbourg, B.-Rhin.

CUTTING (*Kuttingen*), 207 h. ⚕ ☎. Moselle, ar. Château-Salins, c. Dieuze, ⊠ 🚂 Loudrefing, 4 k. 5.

CUVRY (*Kuvry, Kubern*), 199 h. ⚕ ☎. Moselle, ar. Metz-C., c. Verny, ⊠ Marly, 🚂 Coin-Cuvry, 2 k.

D

DABO ou DAGSBOURG (*Dagsburg*), 3072 h. ⊠ ⚕ ☎. Moselle, ar. Sarrebourg, c. Phalsbourg, 🚂 Lutzelbourg, 11 k. et Trois Epis.

DACHSTEIN, 534 h. ⊠ ⚕ ☎ 🚂. B.-Rhin, ar., c. Molsheim.

DAGSBOURG, V. DABO.

DAHLENHEIM, 609 h. ⚕ ☎. B.-Rhin, ar. Molsheim, c. Wasselonne, ⊠ 🚂 Scharrachbergheim, 1 k. 9.

DAHLUNDEN, V. DALHUNDEN.

DAIN-EN-SAULNOIS (*Dam*), 50 h. Moselle, ar. Metz-C., c. Pange, ⊠ ⚕ ☎ 🚂 Remilly 4 k. 7.

DALEM, 499 h. ⚕ ☎ Moselle, ar. Boulay, c. Bouzonville, ⊠ Hargarten, 🚂 Téterchen, 4 k.

DALHAIN (*Dalheim*), 286 h. ⚕ ☎. Moselle, ar., c. Château-Salins, ⊠ 🚂 Habondange, 5 k.

DALHUNDEN (*Dahlunden*), 576 h. ⚕ ☎. B.-Rhin, ar. Haguenau, c. Bischwiller, ⊠ 🚂 Sessenheim, 2 k.

DALSTEIN, 474 h. ⚕ ☎. Moselle, ar. Boulay, c. Bouzonville, ⊠ 🚂 Eberswiller, 4 k.

DAM, V. DAIN-EN-SAULNOIS.

DAMBACH, 2355 h. ⊠ ⚕ ☎ 🚂. B.-Rhin, ar. Schlestadt, c. Barr.

DAMBACH, 730 h. ⊠ ⚕ ☎. B.-Rhin, ar. Haguenau, c. 🚂 Niederbronn, 7 k. et Philippsbourg, 6 k.

DAMENMIEHL, cᵉ de Romanswiller, B.-Rhin.

DAMMERKIRCH, V. DANNEMARIE.

DANGOLSHEIM, 463 h. ⚕ ☎ B.-Rhin, ar. Molsheim, c. Wasselonne, ⊠ Bergbieten, 🚂 Soultz-les-Bains, 1 k. 5.

DANNE et QUATRE-VENTS (*Dann et Vierwinden*), 591 h. ⚕ ☎. Moselle, ar. Sarrebourg, c. ⊠ 🚂 Phalsbourg, 2 k.

DANNELBOURG (*Dannelburg*), 384 h. Moselle, ar. Sarrebourg, c. Phalsbourg, ⊠ ⚕ ☎ Lutzelbourg.

DANNEMARIE (*Dammerkirch*), 1175 h. ⊠ ⚕ ☎ 🚂. H.-Rhin, ar. Altkirch, ch.-l. c. 425 k. de Paris.

DANN et WIERWINDEN, V. DANNE ET QUATRE-VENTS.

DASPICH, cᵉ de Florange, Moselle.

DAUBENSAND, 180 h. ⚕ ☎. B.-Rhin, ar., c. Erstein, ⊠ 🚂 Obenheim, 3 k. 2.

DAUENDORF (*Daueckendorf*), 1267 h. ⊠ ⚕ ☎. B.-Rhin, ar., c. Haguenau, 🚂 Haffenhoffen, 4 k.

DAUTWEILER, 220 h. Cᵉ de Hasborn-Dautweiler, Sarre.

DECHENSCHACHT, cᵉ de Neunkirchen, Sarre.

DEDELING (*Diedlingen*), 70 h. Moselle, ar., c. Château-Salins, ⊠ ⚕ ☎ 🚂 Hampont, 4 k. 3.

DEHLINGEN, 535 h. ⚕ ☎. B.-Rhin, ar. Saverne, c. Saar-Union, ⊠ 🚂 Diemeringen, 5 k.

DELME (*Delm*), 706 h. ⊠ ⚕ ☎ 🚂. Moselle, ar. Château-Salins, ch.-l. c. 358 k. Paris.

DENGELSHEIM, cᵉ de Sessenheim, B.-Rhin.

DENTING (*Dentingen*), 245 h. ⚕ ☎. Moselle, ar., c. ⊠ 🚂 Boulay, 3 k.

DENZINGEN, V. DINGSHEIM.
DERLEN, 818 h. Sarre, ar. Sarrelouis, c. Schwalbach, Bous ou Griesborn, 4 k.
DESSELING (*Disselingen*), 198 h. Moselle, ar. Sarrebourg, c. Réchicourt-le-Château, Languimberg, Azoudange, 12 k.
DESSENHEIM, 969 h. H.-Rhin, ar. Colmar, c. Neuf-Brisach, 6 k. 5.
DESTRICH (*Districh*), 249 h. Moselle, ar. Forbach, c. Gros-Tenquin, Brulange, 3 k. 5.
DETTWILLER (*Dettweiler*), 2111 h. B.-Rhin, ar., c. Saverne.
DEUTSCH-AVRICOURT, V. AVRICOURT.
DEUTSCHHERRENPFAD, 108 h. c[e] de Sarrebrück, Sarre.
DEUTSCH-OTH, V. AUDUN-LE-TICHE.
DEUTSCH-RUMBACH, V. ALLEMAND-ROMBAS.
DEVANT-FOUDAY, c[e] de Plaine, H.-Rhin.
DEVANT-LES-PONTS, 2919 h. Moselle, c[e] de Metz.
DIANNE-CAPPELLE (*Dianen-Kappel*), 341 h. Moselle, ar., c. Sarrebourg, Héming, 4 k.
DIBLING (*Dieblingen*), 768 h. Moselle, ar., c. Forbach.
DIDENHEIM, 1113 h. H.-Rhin, ar., c. Mulhouse, Brunstatt, 1 k. 5.
DIDINGEN, C[e] de Freistroff, Moselle.
DIEBLINGEN, V. DIBLING.
DIEBOLSHEIM, 476 h. tram. B.-Rhin, ar. Schlestadt, c. Marckolsheim, Benfeld, 12 k.
DIEDENDORF, 428 h. B.-Rhin, ar. Saverne, c. Drulingen, Wolfskirchen, 1 k. 2.
DIEDENHOFEN, V. THIONVILLE.
DIEDERFINGEN, c[e] de Holling, Moselle.
DIEDERSBERG, V. MONTDIDIER.
DIEDERSDORF, V. THIÉCOURT.
DIEDINGEN, c[e] de Zetting, Moselle.
DIEDLINGEN, V. DEDELING.
DIEDOLSHAUSEN, V. BONHOMME (LE).
DIEFFENBACH, c[e] de Puttelange, Moselle.
DIEFENTHAL, V. DIEFFENTHAL.
DIEFFENBACH, V. DIFFEMBACH-LES-HELLIMER.
DIEFFENBACH* (*Diefenbach*), 351 h. B.-Rhin, ar. Wissembourg, c. Woerth-s.-Saure, 3 k. 5, V. DIFFEMBACH.
DIEFFENBACH, 459 h. B.-Rhin, ar. Schlestadt, c. Villé, Thanvillé, St-Amarin, 1 k. 1/2.
DIEFFENTHAL, 207 h. B.-Rhin, ar., c. Schlestadt, de Dambach, 2 k. 6.
DIEFFLEN, 1697 h. tram. Sarre, ar. Sarrelouis, c. Nalbach, 2 k. et Dillingen, 4 k.
DIEFFMATTEN (*Diefmatten*), 231 h. H.-Rhin, ar. Altkirch, c. Dannemarie, Soppe-le-Bas, Burnhaupt-le-Haut, 5 k.
DIEMERINGEN, 1039 h. B.-Rhin, ar. Saverne, c. Drulingen.
DIESDORF, V. DISTROFF.
DIESEN, c[e] de Porcelette, Moselle.
DIESPACH, c[e] de Plaine, B.-Rhin.
DIETWILLER (*Dietweiler*), 397 h. H.-Rhin, ar. Mulhouse, c. Landser, (v.) Schlierbach, (m.) Habsheim, 5 k.
DIEUZE (*Duss*), 2852 h. Moselle, ar. Château-Salins, ch.-l. c. 361 k. Paris.
DIEXINGEN, V. CHICOURT.
DIFFEMBACH-LES-HELLIMER (*Diefenbach*), 385 h. Moselle, ar. Forbach, c. Gros-Tenquin, Hellimer, Insming, 6 k. V. DIEFFENBACH.
DIFFERTEN, 1492 h. Sarre, ar. Sarrelouis, ch.-l. c.
DILLINGEN, 4175 h. tram. Sarre, ar. Sarrelouis, c. Fraulautern.

DILSBURG, 490 h. Sarre, ar. Sarrebrück, c. ⊠ Heusweiler.

DIMBSTHAL, 220 h. B.-Rhin, ar. Saverne, c. ⊠ Marmoutier, 2 k. 3.

DINGSHEIM (*Denzingen*), 486 h. ⊠ tram. B.-Rhin, ar. Strasbourg-C., c. Truchtersheim.

DINKIRCH, *V.* Tincry.

DINSHEIM, 1024 h. ⊠ B.-Rhin, ar., c. Molsheim, Gresswiller.

DIRMINGEN, 1235 h. ⊠ . Sarre, ar. Ottweiler, ch.-l. c.

DISSCHINGEN, *V.* Desseling.

DISTRICH, *V.* Destrich.

DISTROFF (*Diesdorf*), 861 h. ⊠ . Moselle, ar. Thionville-Est, c. Metzerwisse.

DODENHOFEN, cᵉ de Roussy-le-Village, Moselle.

DOLLENBACH, cᵉ de Nousseviller-les-Volmunster, Moselle.

DOLLEREN (*Dollern*), 564 h. H.-Rhin, ar. Thann, c. Massevaux, ⊠ Oberbruck, 1 k.

DOLVING (*Dolvingen*), 425 h. Moselle, ar. Sarrebourg, c. Fénétrange, ⊠ Gosselming, Oberstinzel, 2 k.

DOMANGEVILLE, cᵉ de Sanry-s.-Nied, Moselle.

DOMFESSEL, 380 h. tram. B.-Rhin, ar. Saverne, c. Saar-Union, ⊠ Diemering.

DOMNOM (*Dommenheim*), 244 h. . Moselle, ar. Château-Salins, c. Dieuze, ⊠ Loudrefing, 6 k.

DOMNINGEN, *V.* Donjeux.

DONJEUX, 160 h. Moselle, ar. Château-Salins, c. ⊠ Delme, 1 k.

DONNELAY (*Dunnigen*), 455 h. ⊠ . Moselle, ar. Château-Salins, c. Vic, Dieuze, 8 k.

DONNENHEIM, 174 h. B.-Rhin, ar. Strasbourg-C., c. Brumath, ⊠ Wingersheim, Stephansfeld, 4 k. 5.

DORF, 195 h. Sarre, ar. Sarrelouis, c. Bettingen.

DORLISHEIM, 1756 h. ⊠ . B.-Rhin, ar., c. Molsheim.

DORNACH, 10176 h. ⊠ , H.-Rhin, ar., c. Mulhouse.

DORNINGEN, *V.* Dornot.

DORNOT, 203 h. Moselle, ar. Metz-C., c. Gorze, ⊠ Ancy-s.-Moselle, Metz, 1 k. 5.

DORRENBACH, 348 h. . Sarre, ar., c. ⊠ Sᵗ-Wendel, 8 k.

DORSDORF, 532 h. . Sarre, ar. Ottweiler, c. ⊠ Eppelborn, 8 k. et Thalexweiler, 4 k.

DORST, cᵉ de Walschbronn, Moselle.

DORSWEILER, *V.* Torcheville.

DORWILLER, cᵉ de Fiétrange, Moselle.

DOSSENHEIM, 854 h. ⊠ . B.-Rhin, ar. Saverne, c. la Petite-Pierre.

DOSSENHEIM, 126 h. . B.-Rhin, ar. Strasbourg-C., c. Truchtersheim, ⊠ tram. Quatzenheim.

DOURD'HAL (*Durchthal*), 226 h. Moselle, ar. Forbach, c. ⊠ Sᵗ-Avold, 7 k.

DRACHENBRONN, 166 h. . B.-Rhin, ar. Wissembourg, c. Soultz-s.-Forêts, 7 k. 2, ⊠ Cléebourg.

DRAHTZUG, 106 h. Cᵉ de Sarrebruck, Sarre.

DRECHINGEN, cᵉ de Piblange, Moselle.

DREI-ACHREN, *V.* Trois-Épis.

DREIBRUNNEN, *V.* Trois-Fontaines.

DREIHAMBACH, *V.* Hambach.

DREIHAUSER, cᵉ de Phalsbourg, Moselle.

DREISBACH, 198 h. . Sarre, ar. Merzig, c. ⊠ Mettlach, 3 k.

DRULINGEN, 649 h. ⊠ tram. B.-Rhin, ar. Saverne, ch.-l. c. 408 k. Paris.

DRUSENHEIM, 1946 h. ⊠ . B.-Rhin, ar. Haguenau, c. Bischwiller.

DUDWEILER, 13469 h. ⊠ . Sarre, ar. Sarrebruck, ch.-l. c.

DUNNIGEN, *V.* Donnelay.

DUNTZENHEIM (*Duntzenheim*), 666 h. ⊠ B.-Rhin, ar.

Strasbourg-C., c. Hochfelden et Wilwisheim, 5 k.
DUPPENWEILER, 1207 h. ⊠ Sarre, ar. Merzig, c. Haustadt, Beckingen, 6 k.
DUPPIGHEIM, 1030 h. ⊠ H.-Rhin, ar. Erstein, c. Geispolsheim.
DURCHTHAL, V. DOURD'HAL.
DUREN, 224 h. Sarre, ar. Sarrelouis, c. Kerlingen, ⊠ Ittersdorf.
DURKASTEL, V. CHATEAU-VOUÉ.
DURLINSDORF, 471 h. ⊠ H.-Rhin, ar. Altkirch, c. Ferrette, 6 k. 5.
DURMENACH, 975 h. ⊠ H.-Rhin, ar. Altkirch, c. Ferrette.
DURNINGEN, 375 h. B.-Rhin, ar. Strasbourg-C., c. Truchtersheim, 4 k. ⊠ Gougenheim.
DURRENBACH, 812 h. ⊠ B.-Rhin, ar. Wissembourg, c. Woerth-s.-Sauer.
DURRENENTZEN (*Dürrenenzen*), 423 h. H.-Rhin, ar. Colmar, c. Andolsheim, ⊠ Muntzenheim.
DURSTEL, 398 h. ⊠ B.-Rhin, ar. Saverne, c. Drulingen, Adamswiller, 3 k.
DUSS, V. DIEUZE.
DUTTEMBERG (LE), cᵉ d'Andlau-au-Val, B.-Rhin.
DUTTLENHEIM, 1336 h. ⊠ B.-Rhin, ar. Erstein, c. Geispolsheim.
DUVIC, cᵉ de Turquestein, Moselle.

E

EBEL, cᵉ de Saar-Union, B.-Rhin.
EBERBACH-s.-SELTZ, 403 h. B.-Rhin, ar. Wissembourg, c. Seltz. ⊠ Niederroedern, 3 k.
EBERBACH-s.-WOERTH, 227 h. B.-Rhin, ar. Wissembourg, c. ⊠ Woerth-s.-Sauer, Morsbronn, 3 k.
EBERSHEIM, 1082 h. ⊠ B.-Rhin, ar., c. Schlestadt.
EBERSMUNSTER, 615 h. B.-Rhin, ar. Schlestadt, c. Benfeld, ⊠ Ebersheim, 2 k. 5.
EBERSWILLER (*Eberswеiler*), 694 h. ⊠ Moselle, ar. Boulay, c. Bouzonville.
EBERSWILLER-PETITE (*Kleinebersweiler*), cᵉ de Macheren, Moselle.
EBINGEN, cᵉ de Florange, Moselle.
EBINGEN, cᵉ de Veymerange, Moselle.
EBLANGE (*Eblingen*), 156 h. Moselle, ar. c. ⊠ Boulay, 5 k.
EBRINGEN, cᵉ de Tenteling, Moselle.
ECKARTSWILLER (*Eckartsweiler*), 513 h. B.-Rhin, ar., c. ⊠ de Saverne, 3 k.
ECKBOLSHEIM, 2318 h. ⊠ tram., B.-Rhin, ar. Strasbourg-C., c. Schiltigheim.
ECKENSRANSBACH, cᵉ de Sarralbe, Moselle.
ECKERICH (*Eckirch-b-Markirch*), ⊠ cᵉ de Sᵗᵉ-Marie-aux-Mines, H.-Rhin.
ECKERBSBERG, cᵉ de Breitenbach, H.-Rhin.
ECKWERSHEIM, 858 h. B.-Rhin, ar. Strasbourg-C., c. Brumath, ⊠ Wendenheim, 3 k.
EDELINGEN, V. ADELANGE.
EDELINGHOFEN, V. ATTILLONCOURT.
EDINGEN, cᵉ de Fameck, Moselle.
EDLINGEN, cᵉ de Anzeling, Moselle.
EGELSHARDT, V. EGUELSHARDT.
EGISHEIM, V. EGUISHEIM.
EGLINGEN, 279 h. H.-Rhin, ar., c. Altkirch, ⊠ Spechbach-le-Bas et Illfurt, 6 k.
EGUELSHARDT (*Egelshardt*), 476 h. Moselle, ar. Sarreguemines, c. Bitche, ⊠ Bannstein.
EGUISHEIM (*Egisheim*), 1387 h. ⊠ H.-Rhin, ar. Colmar, c. Wintzenheim.

EHLINGEN, 332 h. cᵉ de Erfweiler, Sarre.

EHNWEYER, Cᵉ de Müttersholtz, B.-Rhin.

EICH, Cᵉ de Sarralbe, Moselle.

EICHBARAKEN, cᵉ de Phalsbourg, Moselle.

EICHELSCHEIDERHOF, cᵉ de Jägersburg, Sarre.

EICHENDORF, *V.* CHÉNOIS.

EICHHOFFEN (*Eichhofen*), 361 h. B.-Rhin, ar. Schlestadt, c. Barr.

EICH-PETITE, cᵉ de Réding, Moselle.

EICHWALD, *V.* CHALAMPÉ.

EIDENBORN, 195 h. Sarre, ar. Sarrelouis, c. Lebach, 4 k.

EIDENBORNERMUHLE, cᵉ de Eidenborn, Sarre.

EIGENTHAL, cᵉ de Walscheid, Moselle.

EIMERSDORF, 318 h. Sarre, ar. Sarrelouis, c. Rehlingen, 2 k.

EINCHEVILLE ou EINSCHWILLER (*Enschweiller*), 296 h. Moselle, ar. Forbach, c. Gros-Tenquin. Landroff, 3 k. 5.

EINÖD-INGWEILER, 1200 h. Sarre, ar., c. Deux-Ponts.

EIWEILER-b.-HEUSWEILER, Sarre, ar. Sarrebruck, c. tram. Heusweiler, 3 k.

ELBACH (*Ellbach*), 138 h. H.-Rhin, ar. Altkirch, c. de Dannemarie, 5 k.

ELFRINGEN, *V.* AYRICOURT.

ELLINGEN, cᵉ de Veymerange, Moselle.

ELLWILLER, cᵉ de Loupershausen, Moselle.

ELM, 204 h. Sarre, ar. Sarrelouis, c. Schwalbach.

ELSASSHAUSEN, cᵉ de Froeschwiller, B.-Rhin.

ELSENHEIM, 645 h. tram. B.-Rhin, ar. Schlestadt, c. Marckolsheim, Grussenheim, 3 k.

ELSINGEN, *V.* ELZANGE.

ELVANGE (*Elwingen*), 319 h. Moselle, ar. Boulay, c. Faulquemont, 6 k.

ELVERSBERG, 4247 h. Sarre, ar. Ottweiler, c. Neunkirchen, Bildstok, 3 k.

ELVERSBERG (*Kolonie am*), 80 h. Cᵉ de Neunkirchen, Sarre, Bildstok, 3 k.

ELWINGEN, *V.* ELVANGE.

ELZANGE (*Elsingen*), 318 h. Moselle, ar., c. Thionville-Est, c. Metzerwisse, Distroff, Koenigsmaker, 5 k.

ELZINGEN, cᵉ de Hombourg-Budange, Moselle.

EMILY, *V.* HÉMILY.

EMLINGEN, 201 h. H.-Rhin, ar. c. Altkirch, 4 k.

EMMERSWEILER, 525 h. Sarre, ar. Sarrebruck, c. Ludweiler, Gross-Rosseln, 3 k.

ENCHENBERG, 1233 h. Moselle, ar. Sarreguemines, c. Rorbach.

ENDORF, *V.* ABONCOURT.

ENGELFANGEN, 784 h. Sarre, ar. Sarrebruck, Köln. Püttlingen, 1 k., c. Sellerbach.

ENGELSBACH, cᵉ de Meissengott, B.-Rhin.

ENGENTHAL, 1194 h. B.-Rhin, ar. Molsheim, c. Wasselonne, Wangenbourg, Romanswiller, 8 k.

ENGWILLER (*Engweller*), 410 h. B.-Rhin, ar. Haguenau, c. Niederbronn, Mietesheim, Pfaffenhoffen, 4 k. 6.

ENNERCHEN, *V.* ENNERY.

ENNERY, 414 h. Moselle, ar. Metz-C., c. Vigy, Ay et Maizières, 5 k.

ENSCHINGEN, 165 h. H.-Rhin, ar., c. Altkirch, Spechbach-le-Bas, Illfurth, 5 k.

ENSCHWEILER, *V.* EINCHEVILLE.

ENSDORF, 2756 h. tram. Sarre, ar. Sarrelouis, c. Lisdorf.

ENSHEIM, 2770 h. tram. Sarre, ar., c. Sᵗ-Ingbert.

ENSISHEIM, 2500 h. tram. H.-Rhin, ar. Guebwiller, ch.-l. c. 496 k. Paris.

ENTENPFUHL, cᵉ de Boersch, B.-Rhin.

ENTENTHAL, cᵉ de Dabo, Moselle.

ENTERCHEN, *V.* ANTILLY.

ENTRANGE (*Entringen*), 391 h. Moselle, ar. Thionville-Est, c. Cattenom, Oeutrange, Hettange-la-Grande.

ENTZHEIM (*Enzheim*), 720 h. B.-Rhin, ar. Erstein, c. Geispolsheim.

EPPELBORN, 1191 h. Sarre, ar. Ottweiler, ch.-l. c.

EPFIG, 2208 h. B.-Rhin, ar. Schlestadt, c. Barr.

EPPING, 602 h. Moselle, ar. Sarreguemines, c. de Volmunster, Woelfling, 10 k.

ERBACH-REISKIRCHEN, 3674 h. Sarre, ar., c. Homburg, 2 k. 5.

ERBACHERFABRIK, 34 h. Cᵉ d'Erbach, Sarre.

ERBERSCH, cᵉ de Metzeral, H.-Rhin.

ERBRINGEN, 320 h. Sarre, ar. Merzig, c. Haustadt, Beckingen, 7 k.

ERCHING ou ERSCHING, 410 h. Moselle, ar. Sarreguemines, Volmunster, Rimling, Woelfling, 5 k.

ERKARTSWILLER (*Erkartsweiler*), 318 h. B.-Rhin, ar. Saverne, c. La Petite-Pierre, Wimmenau, 5 k. et Neuviller, 7 k.

ERFWEILER-EHLINGEN, 793 h. Sarre, ar. Sᵗ-Ingbert, c. Blieskastel, Walsheim, 5 k.

ERGERSHEIM, 792 h. B.-Rhin, ar., c. Molsheim, Dachstein, 3 k.

ERKARTSWEILER, *V.* ERCKARTSWILLER.

ERLEN, *V.* AULNOIS.

ERLENBACH (*Albé*), 130 h. B.-Rhin, ar. Schlestadt, c. Villé, 1 k. 7.

ERLEWASEN, cᵉ de Munster, H.-Rhin.

ERMENSBACH, cᵉ de Rimbach, H.-Rhin.

ERNESTWILLER (*Ernstweiler*), 346 h. Moselle, ar. Forbach, c. Sarralbe, Puttelange-les-Sarralbe, Hambach, 7 k.

ERNESTWILLER, cᵉ de Puttelange-les-Sarralbe, Moselle.

ERNOLSHEIM, 521 h. B.-Rhin, ar., c. Saverne, Dossenheim, 3 k.

ERNOLSHEIM, 585 h. B.-Rhin, ar., c. Molsheim, Duttlenheim, Kolbsheim, 1 k. 8.

ERSANGE (ERZANGE) (*Ersingen*), 1063 h. Moselle, ar. Thionville-Ouest, c. Hayange, 2 k. Schrémange.

ERSDORF, *V.* ERSTROFF.

ERSCHING, *V.* ERCHINGEN.

ERSTEIN, 6061 h. B.-Rhin, ch.-l. ar., c. 466 k. Paris.

ERSTROFF (*Ersdorf*), 260 h. Moselle, ar. Forbach, c. Gros-Tenquin, Léning, 7 k. 5.

ERZANGE, *V.* ERSANGE.

ESCHAU, 1675 h. tram. B.-Rhin, ar. Erstein, c. Geispolsheim.

ESCHBACH, 469 h. H.-Rhin, ar. Colmar, c. Munster, 1 k. 5.

ESCHBACH, 691 h. B.-Rhin, ar. Wissembourg, c. Woerth-s.-Sauer, Walbourg, 5 k.

ESCHBACH, cᵉ de Innenheim, B.-Rhin.

ESCHBERG, 39 h. Cᵉ de Scheidt, Sarre.

ESCHBOURG (*Eschburg*), 912 h. B.-Rhin, ar. Saverne, c. La Petite-Pierre, Graufthal, 5 k.

ESCHELMER, *V.* HACHIMETTE.

ESCHEN-bei-CHATEAU-SALINS, *V.* FRESNES-EN-SAULNOIS.

ESCHENTZWILLER (*Eschenzweiler*), 704 h. H.-Rhin, ar. Mulhouse, c. Habsheim, 2 k.

ESCHERANGE (*Eschringen*), 476 h. Moselle, ar. Thionville-Est, c. Cattenom, Volmerange-les-Oeutrange, Zoufftgen, 7 k.

ESCHRINGEN, 587 h. tram. Sarre, ar., c. Sᵗ-Ingbert.

ESCHWEILERHOF, 37 h. Cᵉ Kirkel-Neuhaüsel, Sarre.

ESCHWILLER (*Eschweiler*), 256 h. B.-Rhin, ar. Saverne, c. Drulingen, ⊠ ⚡ ☎ 🚂 Wolfskirchen, 5 k. 6.
ESCHWILLER, cᵉ de Volmunster, Moselle.
ESINGEN, cᵉ de Rodemack, Moselle.
ESSESDORF, *V.* ASSENONCOURT.
ETANGS (LES) (*Tennschen*), 266 h. ⚡ ☎. Moselle, ar. Metz-C., c. Vigy, ⊠ 🚂 Landonvillers, 1 k. 8.
ETEIMBES (*Welschensteinbach*), 207 h. H.-Rhin, ar. Altkirch, c. Dannemarie, ⊠ ⚡ ☎ Tranbach-le-Haut, 🚂 Gemenheim, 7 k.
ETTANGE-LA-GRANDE, *V.* HETTANGE.
ETTENDORFF, 774 h. ⊠ ⚡ ☎ 🚂. B.-Rhin, ar. Strasbourg-C., c. Hochfelden.
ETTING, 661 h. ⚡ ☎. Moselle, ar. Sarreguemines, c. ⊠ Achain, 🚂 Kalhausen, 4 k. 5.
ETZLINGEN, 559 h. ⊠ ⚡ ☎. Moselle, ar., c. 🚂 Forbach, 6 k.
ETZENHOFEN ou ETZHOFEN 234 h. 🚂. Sarre, ar. Sarrebruck. c. Sellerbach, ⊠ ☎ Köln.
EVRANGE (*Ewringen*), 137 h. ⚡ ☎. Moselle, ar. Thionville-Est, c. Cattenom, ⊠ Roussy-le-Village, 🚂 Rodemack.
EWENDORF, ⚡ ☎. Cᵉ de Kirchnaumen, Moselle.
EWINGEN, cᵉ de Breistroff, Moselle.
EXBRUECKE, ⚡ ☎. Cᵉ de Burnhaupt-le-Haut, H.-Rhin.
EYWILLER (*Eyweiler*), 406 h. B.-Rhin, ar. Saverne, c. Drulingen, ⊠ ⚡ ☎ 🚂 Wolfskirchen, 5 k.
EWRINGEN, *V.* EVRANGE.

F

FAILLY (*Fallen*), 223 h. ⚡ ☎ 🚂. Moselle, ar. Metz-C., c. Vigy, ⊠ de Noisseville.
FAING, cᵉ de Orbey, H.-Rhin.
FAITE, cᵉ de la Baroche, H.-Rhin.
FALCK (*Falk*), 681 h. ⚡ ☎ Moselle, ar. Boulay, c. Bouzonville, ⊠ 🚂 Hargarten-aux-Mines, 1 k. 4.
FALCKWILLER (*Falkweiler*), 195 h. H.-Rhin, ar. Altkirch, c. Dannemarie, ⊠ ⚡ ☎ Balschwiller, 🚂 Burnhaupt, 6 k.
FALKENBERG, *V.* FAULQUEMONT.
FALKENHOF, cᵉ de Haguenau, B.-Rhin.
FALKWEILER, *V.* FALCKWILLER.
FALLEN, *V.* FAILLY.
FALSCHEID, 311 h. Sarre, ar. Sarrelouis, c. ⊠ ⚡ ☎ 🚂 Lebach, 6 k.
FAMECK, 1296 h. ⚡ ☎. Moselle, ar. Thionville-Ouest, c. Hayange. ⊠ 🚂 Uckange, 4 k.
FAREBERSWILLER (*Pfarrebersweiler*), 510 h. ⚡ ☎ 🚂. Moselle, ar. Forbach, c. Sᵗ-Avold, ⊠ Seingbousse.
FARSCHWILLER, 891 h. ⊠ ⚡ ☎ 🚂. Moselle, ar., c. Forbach.
FAUBURG, cᵉ de Rombas, Moselle.
FAULBACH, cᵉ de Rodemack, Moselle.
FAULENBERG, 21 h. cᵉ de Mainzweiller, Sarre.
FAULQUEMONT (*Falkenberg*), 1015 h. ⊠ ⚡ ☎ 🚂. Moselle, ar. Boulay, ch.-l. c. 514 k. Paris.
FAUSENMUHLE, 47 h. cᵉ de Sᵗ-Wendel, Sarre.
FAXE, cᵉ de Fonteny, Moselle.
FECHINGEN, 1126 h. ⊠ ⚡ ☎ tram. Sarre, ar. Sarrebruck, c. Bischmisheim, 🚂 Brebach, 3 k.
FEGERSHEIM, 1717 h. ⊠ ⚡ ☎ 🚂. B.-Rhin, ar. Erstein, c. Geispolsheim.
FEHRINGEN, cᵉ de Eberswiller, Moselle.
FELDBACH, 294 h. H.-Rhin, ar. Altkirch, c. ⊠ ⚡ ☎ Hirsingue, 🚂 Waldighoffen, 6 k.
FELDKIRCH, 395 h. ⚡ ☎ 🚂. H.-Rhin, ar. Guebwiller, c. Soultz, ⊠ Bollwiller.
FELLERINGEN, 1670 h. ⊠ ⚡ ☎ 🚂. H.-Rhin, ar. Thann, c. Sᵗ-Amarin.

FELSBERG, 694 h. ⊠ tram. Sarre, ar. Sarrelouis, c. Wallerfaugen.
FELSENBACH, cᵉ de Lautenbach-Zell, H.-Rhin.
FENARUPT, cᵉ de Sᵗᵉ-Marie-aux-Mines, H.-Rhin.
FÉNÉTRANGE ou FÉNESTRANGE (*Finstingen*), 1058 h. ⊠ Moselle, ar. Sarrebourg, ch.-l. c. 383 k. Paris.
FENNE, 629 h. ⊠ Cᵉ de Fürstenhausen, Sarre.
FENTSCH, V. FONTOY.
FERRETTE (*Pfirt*), 508 h. ⊠ H.-Rhin, ar. Altkirch, ch.-l. c. 472 k. Paris.
FERRETTE-VIEUX (*Alt-Pfirt*) V. VIEUX-FERRETTE.
FERTRUE, cᵉ de Sᵗᵉ-Marie-aux-Mines, H.-Rhin.
FESSENHEIM, 667 h. ⊠ H.-Rhin ar. Guebwiller, c. Ensisheim, Neuf-Brisach, 12 k.
FESSENHEIM, 312 h. B.-Rhin, ar. Strasbourg ⊠ Quatzenheim, c. Truchtersheim.
FEVES (*Fewen*), 269 h. Moselle, ar., c. Metz-C., ⊠ Maizières, 6 k.
FEY (*Buch-i-Lothringen*), 231 h. Moselle, ar. Metz-C., c. Verny, ⊠ Novéant, 4 k.
FICKINGEN, 306 h. Sarre, ar. Merzig, c. ⊠ Haustadt, 4 k. et Rehlingen, 2 k.
FILSTROFF (*Filsdorf*), 724 h. Moselle, ar. Boulay, c. ⊠ Bouzonville.
FINHAC, cᵉ de Wasselonne, B.-Rhin.
FINSTINGEN, V. FÉNÉTRANGE.
FISCHBACH, 1275 h. Sarre, ar. Sarrebruck, c. Dudweiler. ⊠ Kamphausen.
FISCHERCHOF, cᵉ de Baerenthal, Moselle.
FISLIS, 327 h. H.-Rhin, ar. Altkirch, c. Ferrette, ⊠ Oltingen, Werentzhouse, 3 k.
FITTEN, 280 h. Sarre, ar. Merzig, c. ⊠ Hilbringen, 2 k.
FIXEM (*Fixheim*), 280 h. ⊠ Moselle, ar. Thionville-Est, c. Cattenom.
FLACHSLANDEN, V. FLAXLANDEN.
FLAICH, V. FLÉVY.
FLANVILLE, cᵉ de Montoy, Moselle.
FLASTROFF (*Flasdorf*), 497 h. Moselle, ar. Thionville-Est, c. Sierck, ⊠ Neunkirchen-les-Boulay, Guerstling.
FLATTEN, cᵉ de Launstroff, Moselle.
FLAXLANDEN (*Flachslanden*), 677 h. H.-Rhin, ar. Mulhouse, c. Landser, ⊠ Zillisheim, 1 k. 3.
FLEISHEIM, 209 h. Moselle, ar. Sarrebourg, c. Fénétrange. ⊠ Lixheim, Rieding 10 k.
FLÉTRANGE (*Fletringen*), 293 h. Moselle, ar. Boulay, c. Faulquemont, 4 k. 5, ⊠ Elvange.
FLEURY (*Flöringen*), 368 h. Moselle, ar. Metz-C., c. Verny, ⊠ Magny, Coin-Cuvry, 2 k. 5.
FLEVY (*Flaich*), 251 h. Moselle, ar. Metz-C., c. Vigy. ⊠ Ay-s.-Moselle. Maizières, 7 k.
FLEXBOURG (*Flexburg*), 453 h. B.-Rhin. ar. Molsheim, c. Wasselonne. ⊠ Bergbieten. Soultz-les-Bains, 4 k. 6.
FLOCOURT (*Flodoaldshofen*), 225 h. Moselle, ar. Metz-C., c. Pange. ⊠ Remilly, 7 k.
FLORANGE (*Flörchingen*), 2611 h. ⊠ Moselle, ar. Thionville-Ouest, c. Hayange.
FLORINGEN, V. FLEURY.
FOLCKLING (*Folklingen*), 809 h. ⊠ Moselle, ar. c. Forbach et Cocheren, 5 k.
FOLGENSBOURG (*Volkensberg*), 525 h. ⊠ H.-Rhin, ar. Mulhouse, c. Huningue. Sᵗ-Louis, 10 k.
FOLKEIM, V. FOVILLE.
FOLKLINGEN, V. FOLCKLING.
FOLKRINGEN, V. FOULCREY.
FOLSPERWILLER (*Folpersweiler*), 531 h. Moselle, ar. c. Sarreguemines. ⊠ Franenberg.

FOLSCHWILLER (*Folschweiler*), 751 h. ⊠ ⚕ ⛨. Moselle, ar. Forbach, c. St-Avold. 🚂 Téting, 2 k.

FOLSTERHOHE, 26 h. c^e de Sarrebruck, Sarre.

FONDERIES (LES), c^e de Orbey, H.-Rhin.

FONRUPT, c^e de Ranrupt, B.-Rhin.

FONTENY (*Fonteningen*), 346 h. ⚕ ⛨. Moselle, ar. Château-Salins, c. ⊠ 🚂 de Delme, 6 k. 6. *V.* FAXE.

FONTOY (*Fentsch*), 3399 h. ⊠ ⚕ ⛨ 🚂. Moselle, ar. Thionville-Ouest, ch.-l. c.

FORBACH, 10107 h. ⊠ ⚕ ⛨ 🚂 tram. Moselle, ch.-l. ar. c. 377 k. Paris.

FORBACHERHOF, 23 h. c^e de Kohlhof, Sarre.

FORGE (LA) pr. Walbach, 252 h. ⊠ ⚕ ⛨ 🚂 tram. c^e de Wintzenheim, H.-Rhin. *V.* OBERHAMMER.

FORSTFELD, 501 h. ⚕ ⛨. B.-Rhin, ar. Haguenau, c. Bischwiller, ⊠ 🚂 Roeschwoog, 4 k. et 🚂 Roppenheim, 4 k.

FORSTHEIM, 550 h. ⚕ ⛨. B.-Rhin, ar. Wissembourg, c. ⊠ Woerth-s.-Sauer, 5 k. 🚂 Mertzwiller, 4 k.

FORTELBACH, c^e de Ste-Marie-aux-Mines, H.-Rhin.

FORTHAUS, 27 h. c^e de Ludweiler, Sarre.

FORT-LOUIS (*Ludwigfeste*), 288 h. ⚕ ⛨. B.-Rhin, ar. Haguenau, c. Bischwiller. ⊠ 🚂 Roeschwoog, 4 k.

FORTSCHWIHR (*Fortschweier*), 275 h. ⚕ ⛨ 🚂. H.-Rhin, ar. Colmar, c. Andolsheim. ⊠ Bischwihr.

FORTSHEIM, *V.* FORSTHEIM.

FOSSES, c^e de Plaine, B.-Rhin.

FOSSEUX ou FOSSIEUX (*Fossingen*), 106 h. ⚕ ⛨. Moselle, ar. Château-Salins, c. 🚂 Delme, 8 k. ⊠ Aulnois-s.-Seille.

FOSSMATT, c^e de Urbès, H.-Rhin.

FOUCHY (*Grube*), 682 h. ⊠ ⚕ ⛨. B.-Rhin, ar. Schlestadt, c. 🚂 Villé, 4 k.

FOUDAY (*Breusch-Urbach*), 223 h. ⊠ ⚕ ⛨ 🚂. B.-Rhin, ar. Molsheim, c. Schirmeck.

FOULCREY (*Folkringen*), 609 h. ⊠ ⚕ ⛨. Moselle, ar. Sarrebourg, c. 🚂 Réchicourt-le-Château. 🚂 Avricourt.

FOULIGNY (*Füllingen*), 184 h. ⚕ ⛨. Moselle, ar. Boulay, c. Faulquemont. ⊠ Blonville-s.-Nied. 🚂 Courcelles, 9 k. 2.

FOVILLE (*Folkheim*), 159 h. Moselle, ar. Metz-C., c. Verny. ⊠ ⚕ ⛨ 🚂 Liocourt, 2 k. 5.

FRAKELFINGEN, *V.* FRAQUELFING.

FRAMONT, c^e de Grand-Fontaine, B.-Rhin.

FRANCKEN (*Franken*), 306 h. ⚕ ⛨. H.-Rhin, ar. c. Altkirch, 10 k. ⊠ Tagsdorff. 🚂 Waldighoffen, 6 k.

FRANKENHOLZ, 405 h. c^e de Oberbexbach, Sarre.

FRAQUELFING (*Frakelfingen*) 155 h. ⚕ ⛨. Moselle, ar. Sarrebourg, c. ⊠ 🚂 Lorquin, 5 k.

FRAUENBERG, 463 h. ⊠ ⚕ ⛨. Moselle, ar. c. Sarreguemines. 🚂 Folperswiller, 3 k.

FRAULAUTERN, 4744 h. ⊠ ⚕ ⛨ 🚂 tram. Sarre, ar. Sarrelouis, ch.-l. c.

FRECHINGEN, c^e de Kerling, Moselle.

FRÉCONRUPT, ⚕ ⛨. c^e de la Broque, B.-Rhin.

FRÉCOURT, c^e de Servigny-la-Raville, Moselle.

FREIALDORF, *V.* ALTROFF.

FREIBURG, *V.* FRIBOURG.

FREIBUSS, *V.* FREYBOUSSE.

FREIMINGEN, *V.* FREYMING.

FREISTROFF (*Freisdorf*), 947 h. ⊠ ⚕ ⛨ 🚂. Moselle, ar. Boulay, c. Bouzonville.

FRÉLAND (*Urbach*), 1444 h. ⊠ ⚕ ⛨ 🚂 tram. H.-Rhin, ar. Ribeauvillé c. La Poutroye.

FRÉMERCHEN, *V.* FRÉMERY.

FRÉMERSDORF, *V.* FRÉMESTROFF.

FRÉMERSDORF, 626 h. ⊠ ⚕ ⛨ 🚂, Sarre, ar. Sarrelouis, c. Rehlingen.

FRÉMERY (*Frémerchen*), 158 h. ⚕ ⛨. Moselle, ar. Château-Salins, c. Delme. ⊠ Lucy. 🚂 Baudricourt, 7 k.

FRÉMESTROFF, 283 h. Moselle, ar. Forbach. c. Gros-Tenquin. Léning, 8 k.
FREIMING ou FRÉMENG, V. FREYMING.
FRÉMICH, V. FRÉMY.
FRENZ, ce de Krüt, H.-Rhin.
FRESNES-en-SAULNOIS (*Eschen-le-Château-Salins*). 383 h. Moselle, ar. c. Château-Salins, 7 k.
FREYBOUSSE ou FREYBOUSE (*Freybuss*), 279 h. Moselle, ar. Forbach, c. Gros-Tenquin. Léning, 8 k. 3.
FREYENACKER, V. KOENIGSMACHER.
FREYMING ou FREYMENG (*Freimengen*), 2585 h. Moselle, ar. Forbach, 8 k. c. St-Avold et Merlenbach.
FRIBOURG (*Freiburg*), 265 h. Moselle, ar. Sarrebourg, c. Réchicourt-le-Château. Languimbert. Azoudange, 9 k.
FRIEDOLSHEIM, 254 h. B.-Rhin, ar. Strasbourg-C., c. Hochfelden. Dettwiller, 6 k.
FRIEDRICHSTHAL, 6964 h. Sarre, ar. Sarrebruck, ch.-l. c.
FRIEDRICHWEILER, 323 h. Sarre, ar. Sarrelouis, c. Differten, 2 k.
FRIESENHEIM, 751 h. tram. B.-Rhin, ar. Erstein, c. Benfeld. Diebolsheim.
FRIESSEN (*Friesen*), 537 h. H.-Rhin, ar. Altkirch, c. Hirsingue.
FRIMBOLE, V. LAFRIMBOLE.
FROENINGEN (*Fröningen*), 647 h. H.-Rhin, ar. c. Altkirch. Hochstatt, Zillisheim, 2 k. 5.
FROESCHWILLER (*Fröschweiler*), 483 h. B.-Rhin, ar. Wissembourg, c. Woerth-s.-Sauer, 2 k.
FROHMUHLE, 337 h. B.-Rhin, ar. Saverne, c. La Petite-Pierre. Tieffenbach.
FROMUHLE, ce de Siersthal, Moselle.
FRONINGEN, V. FROENINGEN.
FRONTIGNY, ce de Mécleuves, Moselle.
FRONZELL, ce de Luttenbach, H.-Rhin.
FROSCHWEILER, V. FROESCHWILLER.
FUCHSLOGH (LE) ou FUSCHLOCH, ce de Romanswiller, B.-Rhin.
FUERDENHEIM, V. FURDENHEIM.
FULLEREN (*Füllern*), 396 h. H.-Rhin, ar. Altkirch, c. Hirsingue. Ballerstroff, 3 k. 5.
FULLINGEN, V. FOULIGNY.
FURCHHAUSEN, 294 h. B.-Rhin, ar. c. Saverne, 6 k. Waldolwisheim, Saverne ou Dettewiller (v.) et Dannemarie (m.).
FURCHWEILER, V. FURSCHWEILER.
FURDENHEIM, 652 h. tram. B.-Rhin, ar. Strasbourg-c., c. Truchtersheim.
FURSCHWEILER, 360 h. Sarre, ar. St-Wendel, c. Oberkirchen. Hofeld-Mausbach.
FURSTENHAUSEN, 2010 h. Sarre, ar. Sarrebruck, c. Völklingen.
FURTH, 811 h. Sarre, ar. c. Ottweiler, 6 k.
FURWEILER, 317 h. Sarre, ar. Sarrelouis, c. Oberesch. Kerprich-Hemmersdorf, 3 k.
FUSTELHAUSER, ce de St-Amarin, H.-Rhin.

G

GAARBURG, V. GARREBOURG.
GALFINGEN, 600 h. Ht.-Rhin, ar. c. Mulhouse. Helmsprung. Dornach et Illfurth, 5 k.
GALGENBERG, 179 h., dép. de Gennweiler, ce d'Illingen, Sarre.
GALGENTHAL, ce de Dabo, Moselle.
GAMBSHEIM, 2069 h.

. B.-Rhin, ar. Strasbourg-c., c. Brumath.
GANDERN, c^e de Beyren, Moselle.
GANDRANGE (*Gandringen*), 636 h. Moselle, ar. Thionville-Ouest, c. Moyeuvre-Grande. Stahlheim.
GANGLINGEN, *V.* GUINGLANGE.
GARBURG, *V.* GARREBOURG.
GARDE (LA), *V.* LAGARDE.
GARGAN (cité), c^e de Hayange, Moselle.
GARGAN (cité), c^e de Forbach, Moselle.
GARREBOURG (*Gaarburg*), 659 h. Moselle, ar. Sarrebourg, c. Phalsbourg. Lutzelbourg, 3 k.
GARSCHE (*Garsch*), 838 h. Moselle, ar. Thionville-Est, c. Cattenom, 3 k.
GARWEISDORF (*Gauweisdorf*), c^e de Villing, Moselle.
GAUBIVINGEN, c^e de Folkling, Moselle.
GAUDACH, *V.* JOUY-AUX-ARCHES.
GAUWIES, *V.* GAVISSE.
GAVISSE ou GAWISSE, 283 h. Moselle, ar. Thionville-Est, c. Cattenom, Fixem, Malling.
GAZON, c^e de la Baroche, H.-Rhin.
GÉBENHAUSEN, *V.* GUEBENHAUSEN.
GÉBERSCHWEIER, *V.* GUÉBERSWIHR.
GÉBESDORF, *V.* GUEBESTROFF.
GÉBLING, *V.* GUÉBLING.
GÉBLINGEN, *V.* GUÉBLANGE.
GEBWEILER, *V.* GUEBWILLER.
GEHNKIRCHEN, *V.* GUINKIRCHEN.
GEINZELINGEN, *V.* GUINZELING.
GEISHOUSE (*Geishausen*), 671 h. H.-Rhin, ar. Thann, c. St-Amarin. Moosch, 3 k.
GEISLAUTERN, 1500 h. Sarre, ar. Sarrebruck, c. Volklingen.
GEISPITZEN, 378 h. H.-Rhin, ar. Mulhouse, c. Landser, Sierentz, 3 k. 7.
GEISPOLSHEIM, 2233 h. B.-Rhin, ar. Erstein ch.-l. c. 417 k. Paris.
GEISSELBRONN, c^e Schweighouse, H.-Rhin.
GEISTKIRCH, *V.* JUVELISE.
GEISWASSER, 230 h. H.-Rhin, ar. Colmar, c. Neuf-Brisach, 9 k. Heiteren.
GEISWILLER (*Geisweiler*), 244 h. B.-Rhin, ar. Strasbourg-C., c. Hochfelden, 1 k. 6. Wickersheim.
GELINGEN, c^e de Guénange-Basse, Moselle.
GELLSHOFEN, *V.* JALLAUCOURT.
GELMING, *V.* GOMMELANGE.
GÉLUCOURT (*Gisselfingen*), 451 h. Moselle, ar. Château-Salins, c. Dieuze.
GÉMACOURT (*Gommersdorf*), 301 h. H.-Rhin, ar. Altkirch, c. Dannemerie, 2 k.
GÉMAR, *V.* GUÉMAR.
GENDERSBERG, c^e de Hanwiller, Moselle.
GENDRANGE, *V.* GANDRANGE.
GENESDORF, *V.* GUENESTROFF.
GENNWEILER, 1112 h. c^e de Illingen, Sarre.
GENWEILER, *V.* GUENWILLER.
GERBÉCOURT (*Gerbersthofen*), 222 h. Moselle, ar. c. Château-Salins, 3 k. 5.
GERDEN, *V.* LAGARDE.
GÉREUTH, GREITH ou KRUT, *V.* NEUBOIS.
GERMINGEN, *V.* GUERMANGE.
GERSHEIM, 770 h. Sarre, ar. St-Ingbert, c. Blieskastel.
GERSTHEIM-im-LOCH, 1681 h. tram. B.-Rhin, ar. c. Erstein.
GERSTLINGEN, *V.* GUERSTLING.
GERSWEILER, 2618 h. Sarre, ar. Sarrebrück, ch.-l. c.
GERTINGEN, *V.* GUERTING.
GERTWILLER (*Gertweiller*), 721 h. B.-Rhin, ar. Schlestadt, c. Barr.
GESSLINGEN, *V.* GUESSLING.
GEUDERTHEIM ou GUEUDERTHEIM, 1400 h. B.-Rhin, ar. Strasbourg-C. c. Brumath, Hoerdt, 4 k.

GEVENATTEN, V. GUEVENATTEN.
GEWENHEIM, V. GUEWENHEIM.
GILDWILLER (*Gildweiler*), 253 h. H.-Rhin, ar. Altkirch, c. Dannemarie, ✉ ⚑ Bal-schwiller, 🚂 Burnhaupt-le-Haut.
GIMBRETT, 350 h. ⚑. B.-Rhin, ar. Strasbourg-C. c. 🚂 Truchtersheim, 4 k. ✉ Mittelhausen.
GINGERSHEIM, V. KINGERSHEIM.
GINGSHEIM, 390 h. ⚑. B.-Rhin, ar. Strasbourg-C., c. ✉ 🚂 Hochfelden, 7 k.
GIRAGOUTTE, c^e de la Baroche, B.-Rhin.
GIRBADEN, c^e de Mollkirch, B.-Rhin.
GIRINGEN, V. JURY.
GIRLINGEN, V. GUIRLANGE.
GISCHINGEN, c^e de Freistroff, Moselle.
GISINGEN, c^e de Bettwiller, B.-Rhin.
GISSELFINGEN, V. GÉLUCOURT.
GIVRYCOURT (*Hampath*), 150 h. Moselle, ar. Château-Salins, c. ✉ ⚑. Albestroff, 🚂 Insming, 6 k.
GLASENBERG, c^e de Lambach, Moselle.
GLATTIGNY ou GLATIGNY (*Glatingen*), 147 h. Moselle, ar. Metz-C. c. Vigy, ✉ ⚑ 🚂 Landonvillers, 5 k.
GOERLINGEN (*Görlingen*), 280 h. B.-Rhin, ar. Saverne, c. Drulingen, ✉ ⚑ 🚂 Sarraltroff, 3 k. 5.
GOERSDORF (*Görsdorf*), 629 h. ✉ ⚑ B.-Rhin, ar. Wissembourg, c. Woerth-s.-Sauer, 🚂 Goersdorf-Liebfrauenthal.
GOETZENBRUCK (*Götzenbruck*) 965 h. ✉ ⚑. Moselle, ar. Sarreguemines, c. Bitche, 🚂 Lemberg, 2 k. 8.
GOFFONTAINE, 153 h. c^e de Scheidt, Sarre.
GOHN, V. GOIN.
GOIN, 402 h. ⚑. Moselle, ar. Metz-C. c. ✉ Verny, 🚂 Goin-Sillegny, 1 k. 2.
GOLDBACH, 477 h. ⚑. H.-Rhin, ar. Thann, c. St-Amarin, ✉ 🚂 de Villé p. Thann, 4 k.
GOLDBACH, 151 h. c^e de Bettingen, Sarre.
GOLDEN BREMM, c^e de Spickeren, Moselle.
GOLDEN-BREMM, 24 h. c^e de de Kohlhof, Sarre.
GOLDHOF, c^e de Kirchnaumen, Moselle.
GOLFINGEN, V. GALFINGEN.
GOMMELANGE ou GOMELANGE (*Gelmingen*), 424 h. ✉ ⚑. Moselle, ar. c. Boulay. 🚂 Anzeling, 2 k.
GOMMERSDORF, V. GÉMACOURT.
GONDREVILLE, c^e de Vry, Moselle.
GONDREXANGE (*Gunderchingen*), 712 h. ✉ ⚑ 🚂. ar. Sarrebourg, c. Réchicourt-le-Château.
GONGELFANGEN, c^e de Waldwisse, Moselle.
GORLINGEN, V. GOERLINGEN.
GORSDORF, V. GOERSDORF.
GORZE (*Gorz*), 1208 h. ✉ ⚑. Moselle, ar. Metz-C., ch.-l. 316 k. Paris, 🚂 Novéant, 6 k.
GOSSELMING, 516 h. ✉ ⚑. Moselle, ar. Sarrebourg, c. Fénétrange. 🚂 Berthelming, 2 k. 3.
GOTTELBORN, 174 h. ✉ ⚑ 🚂, c^e de Quierschied, Sarre.
GOTTELBORN, 28 h. ✉ ⚑. c^e de Walschied, Sarre.
GOTTENHAUSEN, 228 h. ⚑. B.-Rhin, ar. Saverne, c. Marmoutier. ✉ 🚂 Ottersweiler, 1 k.
GOTTENSWEILER, V. GOXWILLER.
GOTTESHEIM, 435 h. B.-Rhin, ar. c. Saverne, ✉ ⚑ 🚂 Dettwiller, 2 k. 5.
GOTTESTHAL, V. VALDIEU.
GOTZENBRUCK, V. GOETZENBRUCK.
GOUGENHEIM (*Gugenheim*), 515 h. ✉ ⚑. B.-Rhin, ar. Strasbourg-C. c. Truchtersheim, 🚂 Hochfelden, 7 k.
GOUTTE (LA), c^e de la Baroche, H.-Rhin.

GOXWILLER (*Goxweiler ou Gollensweiler*). 638 h. B.-Rhin, ar. Erstein, c. Obernai.

GRAFFENSTADEN, c^e d'Illkirch, B.-Rhin.

GRAFENTHAL, 24 h., c^e de Bliesmengen, Sarre.

GRANDE-BASSE, c^e de Lalaye, B.-Rhin.

GRANDFONTAINE (*Michelbrunn*), 741 h. B.-Rhin, ar. Molsheim, c. Schirmeck, 4 k.

GRANDE-FORGE, c^e de Moutterhausen, Moselle.

GRAND-HAUT, c^e de Lafrimbole, Moselle.

GRANGE (LA), V. LAGRANGE.

GRANGE-AU-BOIS (LA), c^e de Borny, Moselle.

GRAS, c^e de Ste-Barbe, Moselle.

GRASSENDORF, 280 h. B.-Rhin, ar. Strasbourg-C., c. Hochfelden, 2 k. 5. Ettendorf.

GRAUFTHAL, c^e de Eschbourg, B.-Rhin.

GRAULHECK, 91 h. c^e de Schiffweiler, Sarre.

GRAVELOTTE, 492 h. Moselle, ar. Metz-C., c. Gorze, Ars-s.-Moselle, 5 k.

GREITH, V. KRUT.

GREMECEY (*Gremsich*), 128 h. Moselle, ar. c. Château-Salins, de Chambrey, 7 k.

GRENDELBRUCH, 1252 h. B.-Rhin, ar. Molsheim, c. Rosheim, Lutzelhouse, 4 k. et Wisches, 6 k.

GRENING, 180 h. Moselle, ar. Forbach, c. Gros-Tenquin. Insming.

GRENTZING (*Grenzingen*), 532 h. H.-Rhin, ar. Altkirch, c. Hisringue.

GRESAUBACH, 717 h. Sarre, ar. Sarrelouis, c. Bettingen, 4 k.

GRESWILLER ou GRESSWILLER (*Greissweiler*), 896 h. B.-Rhin, ar. c. Molsheim, Dinsheim.

GRIES, 1815 h. B.-Rhin, Strasbourg-C. c. Brumath. Kurtzenhausen, 1 k. 1.

GRIESBACH, 486 h. B.-Rhin, ar. Haguenau, c. Niederbronn, Mertzwiller et Mietesheim, 1 k. 4.

GRIESBACH, 560 h. H.-Rhin, ar. Colmar, c. Munster, Günsbach, 1 k.

GRIESBACH. 218 h. B.-Rhin, ar. Saverne, c. Bouxwiller, Neuwiller, 2 k.

GRIESBORN, 997 h. tram. Sarre, ar. Sarrelouis, c. Fraulautern.

GRIESHEIM, 335 h. B.-Rhin, ar. Strasbourg-C., c. Truchtersheim, tram. Dingsheim, 2 k. 5.

GRIESHEIM, 898 h. B.-Rhin, ar. Molsheim, c. Rosheim, de Bischoffheim, 3 k.

GRIGY, c^e de Borny, Moselle.

GRINDORF (*Grundorf*). 643 h. Moselle, ar. Thionville-Est, c. Sierck, Kirschnaumen, Guerstling, 8 k.

GRONIG, 560 h. Sarre, ar. St-Wendel, c. Alsweiler, Tholey, 4 k.

GROSS-BESSINGEN, V. BÉZANGE-LA-GRANDE.

GROS-BLIDERSTROFF (*Grossbliltersdorf*), 2434 h. Moselle, ar. c. Sarreguemines. Klein-Bliderstroff, 1 k.

GROSS-HEICH, c^e de Reding, Moselle.

GROSS-HEILIGENWALD, 611 h. c^e de Landsweiler, Sarre.

GROSS-HEMMERSDORF, 430 h. Sarre, ar. Sarrelouis, c. Oberesch, Kerprich-Hemmersdorf, 1 k.

GROSS-HETTINGEN, V. HETTANGE-LA-GRANDE.

GROSS-MOVERN, V. MOYEUVRE-GRANDE.

GROSSPRUNACH, V. POURNOY LA-GRASSE.

GROS REDERCHING *Grossrederchingen*), 987 h. Moselle, ar. Sarreguemines, c. Rorbach, 6 k.

GROSS-ROSSELN, 1726 h. tram. Sarre, ar. Sarrebrück, c. Ludweiler.

GROSS-RUMBACH, c^e de Ste-Croix-aux-Mines, H.-Rhin.

GROS-TENQUIN (*Gross-Tannchen*), 483 h. Moselle, ar. Forbach, ch.-l. c. 362 k. Paris, Morhange, 9 k.

GROSSWALD, 82 h. cᵉ de Püttlingen, Sarre.

GRUBE, *V.* FOUCHY.

GRUNDORF, *V.* GRINDORFF.

GRUNDWILLER, 260 h. Moselle, ar. c. Sarreguemines, Puttelange-les-Sarralbe, Hambach, 5 k.

GRUNEBERG, banlieue de Strasbourg, B.-Rhin.

GRUNHOF, cᵉ de Porcelette, Moselle.

GRUSSENHEIM, 856 h. tram. H.-Rhin, ar. Colmar, c. Andolsheim.

GUBLINGEN, *V.* GUÉBLANGE.

GUCHENBACH, *V.* GUICHENBACH.

GUDERKIRCH, cᵉ de Erching, Moselle.

GUDINGEN, 1360 h. Sarre, ar. Sarrebrück, c. Bischmisheim.

GUÉBENHAUSEN (*Gébenhausen*), 420 h. Moselle, ar. c. Sarreguemines, Puttelange-les-Sarralbe, Hundling, 5 k.

GUEBERSCHWIHR (*Géberschweier*), 1231 h. H.-Rhin, ar. Guebwiller, c. Rouffach, Herrlisheim, 4 k.

GUÉBESTROFF (*Gébersdorf*), 64 h. Moselle, ar. Château-Salins; c. Dieuze, 2 k.

GUÉBLANGE ou GUÉBLANCHE (*Gublingen*), 214 h. Moselle, ar. Château-Salins, c. Dieuze, 5 k. Gélucourt, *V.* GUÉBLING.

GUÉBLANGE (*Géblingen*), 1011 h. ar. Forbach, c. Sarralbe, Ottwiller, 1 k.

GUÉBLING (*Geblingen*), 275 h. Moselle, ar. Château-Salins, c. Dieuze.

GUEBWILLER (*Gebweiler*), 13024 h. H.-Rhin, ch.-l. ar. c. 471 k. Paris.

GUÉMAR (*Gemar*), 1013 h. H.-Rhin, ar. c. Ribeauvillé, 1 k. 8.

GUÉNANGE-BASSE (*Niederginingen*), 753 h. Moselle, ar. Thionville-Est, c. Metzerwisse, Guénange-Haute, Uckange, 3 k. 3.

GUÉNANGE-HAUTE (*Oberginingen*), cᵉ de Guénange-Basse, Moselle.

GUENSBACH, *V.* GUNSBACH.

GUÉNESTROFF (*Génesdorf*), 429 h. Moselle, ar. Château-Salins, de Dieuze 2 k.

GUÉNÉTRANGE, cᵉ de Thionville, Moselle.

GUENTRANGE, *V.* GANDRANGE.

GUENWILLER (*Genweiler*), 301 h. Moselle, ar. Forbach, c. Sᵗ-Avold, Hombourg-Haut, 3 k. 5.

GUERLFANGEN, 570 h. Sarre, ar. Sarrelouis, c. Oberesch Kerprich-Hemmersdorf, 4 k.

GUERMANGE (*Germingen*), 283 h. Moselle, ar. Sarrebourg, c. Réchicourt-le-Château, Languimberg, Dieuze, 10 k.

GUERSTHEIM, *V.* GERSTHEIM-IM-LOCH.

GUERSTLING ou GUERSTHING (*Gerstlingen*), 320 h. Moselle, ar. Boulay, c. Bouzonville, Niederaltroff.

GUERSWILLER, *V.* GUENWILLER.

GUERTING (*Gertingen*), 511 h. Moselle, ar. c. Boulay, Ham-sous-Varsberg, Creutzwald, 5 k.

GUESSLING (*Gesslingen*), 691 h. Moselle, ar. Forbach, c. Gros-Tenquin, Pont-Pierre, Faulquemont, 6 k. 5

GUEUDERTHEIM, *V.* GEUDERTHEIM.

GUEUWILLER, *V.* GUENWILLER

GUEVENATTEN (*Gevenatten*), 176 h. H.-Rhin, ar. Altkirch, c. Dannemarie, 0 k. 1, Traubach-le Haut.

GUEWENHEIM (*Gewenheim*), 870 h. H.-Rhin, ar. c. Thann.

GUGENHEIM, *V.* GOUGENHEIM.

GUICHENBACH (*Güchenbach*) 4183 h. tram. Sarre, ar. Sarrebrück, c. Sellerbach.

GUICHENBACHERZIEGEL-HUTTE, 52 h. ce Guichenbach, Sarre.
GUIDESWEILER, 541 h. Sarre, ar. St-Wendel, ce Alsweiler, Namborn, 2 k. 5.
GUINGLANGE (*Günglingen*), 293 h. Moselle, ar. Boulay, c. Faulquemont, 8 k. Elvange.
GUINGUETTE, ce de Hommert, Moselle.
GUINKIRCHEN (*Geinkirchen*), 251 h. Moselle, ar. c. Boulay, 5 k. Gommelange.
GUINZELING (*Geinslingen*), 142 h. Moselle, ar. Château-Salins, c. Albestroff Nebing, 4 k.
GUIRLANGE (*Girlingen*), 61 h. Moselle, ar. c. Boulay, Gommelange, Anzeling.
GUISINGEN, 432 h. Sarre, ar. Sarrelouis, c. Kerlingen, Ittersdorf, tram. Wallerfangen, 4 k.
GUMBRECHTSHOFFEN (BASSE) (*Gumbrechtshofen-Niederbronn*), 816 h. B.-Rhin, ar. Haguenau, c. Niederbronn, Gundershoffen, 2 k.
GUMBRECHTSHOFFEN (HAUTE), (*Gumbrechtshoffen-Oberbronn*), 313 h. B.-Rhin, ar. Wissembourg, c. Niederbronn, Gundershoffen, 2 k.
GUNDERCHINGEN, *V.* Gondrexange.
GUNDERSHOFFEN, 1415 h. B.-Rhin, ar. Haguenau, c. Niederbronn.
GUNDOLSHEIM, 606 h. H.-Rhin, ar. Guebwiller, c. Rouffach, Merxheim, 2 k. 5.
GUNGSBACH, *V.* Gunsbach.
GUNGWILLER (*Güngweiler*), 313 h. B.-Rhin, ar. Saverne, c. Drulingen, 4 k.
GUNSBACH, 781 h. B.-Rhin, ar. Colmar, c, Munster.
GUNSTETT, 515 h. B.-Rhin, ar. Wissembourg, c. Woerth-s.-Sauer, 5 k. Morsbronn, 1 k. 5.
GUNTZWILLER (*Gunzweiler*), 428 h. Moselle, ar. Sarrebourg, c. Phalsbourg, Arschwiller, 3 k.
GUSBERG, ce de Enchenberg, Moselle.

H

HAARBERG, *V.* Harreberg.
HABACH, 257 h. Sarre, ar. Ottweiler, c. Eppelborn, 4 k.
HABERHAUSER, ce de Blotzheim, H.-Rhin.
HABKIRCHEN, 525 h. Sarre, ar. St-Ingbert, c. Blieskastel, Blise-Ebersing, 1 k.
HABLUTZ, ce de Ibigny, Moselle.
HABOUDANGE (*Habudingen*), 381 h. Moselle, ar. c. Château-Salins.
HABSHEIM, 2021 h. H.-Rhin, ar. Mulhouse, ch.-l. c. 460 k. Paris.
HABUDINGEN, *V.* Haboudange.
HACHIMETTE (*Eschelmer*), 370 h tram. ce de La Poutroye, H.-Rhin.
HACKENHOFEN, *V.* Hauconcourt.
HACKENSPIELHAUS, 26 h. ce Illingen-Gennweiler, Sarre.
HAEGEN (*Hagen*), 598 h. B.-Rhin, ar. Saverne, 4 k. c. Marmoutier.
HAESINGEN (*Hasingen*), *V.* Hésingue.
HAEUSERN, *V.* Hausern.
HAGEL, ce de Stosswihr, H.-Rhin.
HAGEN, 150 h. Moselle, ar. Thionville-Est, c. Cattenom, Roussy-le-Village, Zoufftgen, 8 k.
HAGENAU, *V.* Haguenau.
HAGENBACH, 508 h. H.-Rhin, ar. Altkirch, c. Dannemarie, 8 k.
HAGENDINGEN, *V.* Hagondange.
HAGENHEIM, *V.* Hégeney.
HAGENTHAL-LE-BAS (*Niederhagenthal*), 703 h.

H.-Rhin, ar. Mulhouse, c. Huningue, St-Louis, 11 k.
HAGENTHAL-LE-HAUT (*Oberhagenthal*), 349 h. H.-Rhin, ar. Mulhouse, c. Huningue, Hagenthal-le-Bas, St-Louis, 10 k.
HAGONDANGE (*Hagendingen*), 1727 h. Moselle, ar. c. Metz-C.
HAGUENAU (*Hagenau*), 18868 h. B.-Rhin, ar. Haguenau, ch.-l. c. 466 k. Paris.
HAHN, 57 h. Sarre, ar. Sarrelouis, c. Lebach, 2 k.
HAIE-DES-ALLEMANDS, ce de Richeval, Moselle.
HAISS, V. HAYES.
HALBERGERHUTTE, 273 h. ce de Brebach, Sarre.
HALLEN, ce de Ste-Croix-aux-Mines, H.-Rhin.
HALLERING, 180 h. Moselle ar. Boulay, c. Faulquemont, Bionville-s.-Nied, Courcelles, 14 k.
HALLING, 75 h. Moselle, ar. c. Boulay, 5 k.
HALLING, ce de Puttelange-les-Rodemack, Moselle.
HALMOZE, ce de Métairies-St-Quirin, Moselle.
HALSDORF, ce de Grindorff, Moselle.
HAM (BASSE et HAUTE) (*Nieder et Oberham*), 802 h. Moselle, ar. Thionville-Est, c. Metzerwisse, Koenigsmack.
HAM-sous-VARZBERG (*Ham-s-Varsberg*), 955 h. Moselle, ar. c. Boulay, Creutzwal-la-Croix, 3 k.
HAMBACH (*Drethambach*), 1373 h. Moselle, ar. c. Sarreguemines.
HAMBACH (*Waldhambach*), 1018 h. B.-Rhin, ar. Saverne, c. Drulingen, Diemering, 2 k. et Adamswiller, 3 k.
HAMMERSCHMIEDE, ce de Wintzenheim, B.-Rhin.
HAMPATH, V. GIVRYCOURT.
HAMPONT (*Hudingen*), 394 h. Moselle, ar. c. Château-Salins.
HAN-sur-NIED, 114 h. Moselle, ar. Boulay, c. Faulquemont, Remilly, 4 k.
HANDORF, V. HANONCOURT.
HANDSCHUHHEIM (*Handschuhheim*), 190 h. B.-Rhin, ar. Strasbourg-C. c. Truchtersheim, tram. Ittenheim, 2 k.
HANGARD, 1064 h. Sarre, ar. c. Ottweiler.
HANGENBIETEN, 607 h. B.-Rhin, ar. Strasbourg-C., c. Schiltigheim, Entzheim, 2 k. 2.
HANGWILLER (*Hangweiler*), 367 h. tram. Moselle ar. Sarrebourg, c. Phalsbourg, Metting.
HANHAUSEN, V. CHANVILLE.
HANHOFEN, ce de Bischwiller, B.-Rhin.
HANNOCOURT (*Handorf*), 39 h. Moselle, ar. Château-Salins, c. Delme, 5 k. 5.
HANSADAMSMUHLE, 37 h. Ce de Theley, Sarre.
HANWEILER, 431 h. ce de Rilchingen-Hanweiler, Auersmacher, Sarre.
HANWILLER ou HANVILLER 358 h. Moselle, ar. Sarreguemines, c. Bitche.
HARALDSHOFEN, V. HARAUCOURT.
HARAS, ce de Sarralbe, Moselle.
HARAUCOURT-SUR-SEILLE (*Haraldshofen*), 251 h. Moselle, ar. c. Château-Salins, Marsal, Vic-s.-Seille, 6 k.
HARBERG, V. HARREBERG.
HARCHOLINS, ce de Lafrimbole, Moselle.
HARGARTEN-aux-MINES, 630 h. Moselle, ar. Boulay, c. Bouzonville.
HARGARTEN, ce de Laumesfeld, Moselle.
HARGARTEN, 239 h. Sarre ar. Merzig, c. Haustadt.
HARLINGEN, 292 h. Sarre, ar. c. Merzig, 3 k.
HARPRICH, 261 h. Moselle, ar. Forbach, c. Gros-Tenquin, Morhange, 3 k.
HARRAUCOURT, V. HARAUCOURT.
HARREBERG (*Haarberg*), 343 h. Moselle, ar. c. Sarrebourg, Vallerysthal-Trois-Fontaines.

HARSKIRCHEN, 894 h. B.-Rhin, ar. Saverne, c. Saar-Union, 3 k.
HART, c^e de Dabo, Moselle.
HARTHAUSEN, c^e de Haguenau, B.-Rhin.
HARTMANSWILLER, 556 h. H.-Rhin, ar. Guebwiller, c. Soultz, Bollwiller, 4 k.
HARTZWILLER ou HARTZVILLER (*Harzweller*), 955 h. Moselle, ar. c. Sarrebourg.
HARTZWILLER-PETITE, c^e de Hartzwiller, Moselle.
HASBORN-DAUTWEILER, 921 h. Sarre, ar. Ottweiler, c. Tholey, 4 k. Tholey.
HASDORF, c^e de Inglange, Moselle.
HASEL, *V.* HASSEL.
HASELBURG, *V.* HAZELBOURG.
HASINGEN, *V.* HÉSINGUE.
HASPELSCHEIDT, 577 h. Moselle, ar. Sarreguemines, c. Bitche, 6 k. 5.
HASSEL (*Hasel*), 1610 h. Sarre, ar. c. St-Ingbert.
HASSENBURG, *V.* HAZEMBOURG.
HATTEN, 1598 h. B.-Rhin, ar. Wissembourg, c. Soultz-s-Forêts.
HATTIGNY (*Hattingen*), 359 h. Moselle, ar. Sarrebourg, Lorquin.
HATTMATT, 570 h. B.-Rhin, ar. c. Saverne, Steinbourg, 4 k.
HATTSTATT, 746 h. H.-Rhin, ar. Guebwiller, c. Rouffach, Herrlisheim, 1 k. 5.
HAUCONCOURT (*Hakenhofen*), 513 h. Moselle, ar. c. Metz-C., de Maizières-les-Metz, 2 k. 5.
HAUSEN, *V.* HOUSSEN.
HAUSERN, *V.* HUSSEREN.
HAUSGAUEN, 367 h. H.-Rhin, ar. c. Altkirch, 8 k. Tagsdorff.
HAUSTADT, 501 h. Sarre, ar. Merzig, ch.-l. c. Beckingen, 2 k. 4.
HAUT-CLOCHER (*Zittersdorf*), 390 h. Moselle, ar. c. Sarrebourg, 5 k. Langatte.
HAUTFOURNEAU, c^e de Grandfontaine, B.-Rhin.
HAUTE-GOUTTE, c^e de Neuviller-la-Roche, B.-Rhin.
HAUTE-HAM, *V.* HAM.
HAUT-HOMBOURG, *V.* HOMBOURG.
HAUTE-RIVE, c^e de Cuvry, Moselle.
HAVANGE (*Havingen*), 389 h. Moselle, ar. Thionville-Ouest, c. Fontoy, Boulange, 3 k.
HAYANGE (*Hayingen*), 11482 h. Moselle, ar. Thionville-Ouest, ch.-l. c. à 336 k. de Paris.
HAYES (*Haiss*), 188 h. Moselle, ar. Metz-C., c. Vigy, de Landonvillers, 5 k. 2.
HAYE-DES-ALLEMANDS, c^e de Richeval, Moselle.
HAYININGEN, *V.* HAYANGE.
HAZELBOURG (*Haselburg*), 400 h. Moselle, ar. Sarrebourg, c. Phalsbourg, Schaeferhoff, Dabo, 8 k. et Lutzelbourg, 8 k.
HAZEMBOURG (*Hassenburg*), 186 h. Moselle, ar. Forbach, c. Sarralbe, Kappelkinger, Ottwiller, 2 k.
HECKEN, 149 h. H.-Rhin, ar. Altkirch, c. Dannemarie, Balschwiller, Burnhaupt-le-Haut, 8 k.
HECKEN, c^e de Kirchberg, H.-Rhin.
HECKENDALHEIM ou HECKENTHALHEIM, 612 h. Sarre, c. St-Ingbert.
HECKENRANSBACH, c^e de Ernestwiller, Moselle.
HECKLINGEN, c^e de Bouzonville, Moselle.
HEGENEY (*Hagenheim*), 234 h. B.-Rhin, ar. Wissembourg, c. Woerth-s.-Sauer, Durrenbach, 2 k.
HEGENHEIM, 2353 h. H.-Rhin, ar. Mulhouse, c. Huningue, St-Louis, 4 k. 2.
HEICH-GRANDE (*Gross-Heich*) c^e de Rieding, Moselle.
HEID, c^e de Dabo, Moselle.
HEIDENECK, c^e de Wingen, B.-Rhin.
HEIDHUBEL, 26 h. c^e de Gulchenbach, Sarre.
HEIDOLSHEIM, 331 h.

B.-Rhin, ar. Schlestadt, 9 k. c. Marckolsheim, 4 k. Ohnenheim.

HEIDWILLER, 363 h. H.-Rhin, ar. c. Altkirch, Illfurth, 3 k. 4.

HEILIGBLASIEN, *V.* St-Blaise.

HEILIGENBERG, 370 h. 2 k., B.-Rhin, ar. c. Molsheim.

HEILIGENBRONN, ce de Enchenberg, Moselle.

HEILIGENSTEIN, 709 h. B.-Rhin, ar. Schlestadt, c. Barr, 2 k.

HEILIGENSTEIN, ce de Niedernai, B.-Rhin.

HEILIGENWALD, *V.* Gross et Klein-Hélioenwald.

HEILIG-KREUZ, *V.* Ste-Croix-en-Plaine, H.-Rhin.

HEIMERSDORFF, 484 h. H.-Rhin, ar. Altkirch, c. Hirsingue, 2 k.

HEIMSPRUNG (*Heimsbrunn*), 905 h. H.-Rhin, ar. c. Mulhouse, 6 k. et Lutterbach, 6 k. 5.

HEINING, 271 h. Moselle, ar. Boulay, c. Bouzonville, 7 k.

HEINITZ GRUBE, 533 h. ce Neunkirchen, Sarre.

HEINKINGEN, *V.* Hinckange.

HEINRICHDORF, *V.* Henridorff.

HEISTERMUHLE, 31 h. ce de Illingen, Sarre.

HEITEREN, 746 h. H.-Rhin, ar. Colmar, c. Neuf-Brisach, 6 k.

HEIWEILER, *V.* Heywiller.

HELFRANTZKIRCH, 545 h. H.-Rhin, ar. Mulhouse, c. Landser, Bartenheim, 7 k.

HELLANGE (*Hellingen*), ce de Weckringen, Moselle.

HELLENHAUSEN, 76 h. Sarre, ar. Sarrebrück, c. Heusweiler, 3 k.

HELLERING, 313 h. Moselle, ar. Sarrebourg, c. Fénétrange, 6 k.

HELLERINGEN, ce de Hombourg-Haut, Moselle.

HELLERT, ce de Dabo, Moselle.

HELLIMER, 615 h. Moselle, ar. Forbach, c. Gros-Tenquin, Insming, 6 k.

HELLINGEN, ce de Weckringen, Moselle.

HELLINGEN, *V.* Hellange.

HELSTROFF (*Helsdorf*), 393 h. Moselle, ar. Boulay, c. Bouzonville, Condé-Northen, Volmerange, 3 k.

HÉMILLY ou EMILY (*Hemlich*), 198 h. Moselle, ar. Boulay, c. Faulquemont, Elvange, Herny, 7 k. 5.

HEMING, 615 h. Moselle, ar. Sarrebourg, c. Lorquin.

HEMMERSDORF, *V.* Gross et Kerprichhemmersdorf.

HENFLINGEN, 133 h. H.-Rhin, ar. Altkirch, c. Hirsingue, Grentzingen, 1 k.

HENGSTBACH, 315 h. Sarre, ar. c. Deux-Ponts, Mittelbach, Blieskastel, 3 k. 5.

HENGWILLER, 152 h. B.-Rhin, ar. Saverne, c. Marmoutier, 5 k.

HENRIDORFF (*Heinrichdorf* ou *Heinrichstroff*), 733 h. Moselle, ar. Sarrebourg, c. Phalsbourg, Lutzelbourg.

HENRIVILLE (*Herrchweiler*), 367 h. Moselle, ar. Forbach, c. St-Avold, Farschwiller, Fareberswiller, 2 k. 5.

HENZELL, ce de la Baroche, H.-Rhin.

HÉRANGE (*Héringen*), 123 h. Moselle, ar. Sarrebourg, c. Phalsbourg, Lixheim, Rédling.

HERBITZHEIM, 1644 h. B.-Rhin, ar. Saverne, c. Saar-Union.

HERBITZHEIM, 458 h. Sarre, ar. St-Ingbert, c. Blieskastel.

HERBSHEIM (*Herbolsheim*), 606 h. B.-Rhin, ar. Erstein, c. Benfeld, 4 k. 9

HERCHENBACH, 224 h. Sarre, ar. Sarrebrück, c. Sellerbach, Heusweiler et Puttlingen, 3 k. 5.

HÉRINGEN, *V.* HERANGE.
HERLINGEN, *V.* HERNY.
HERLISHEIM, *V.* HERRLISHEIM.
HERMELANGE (*Hermelingen*), 149 h. Moselle, ar. Sarrebourg, c. ⊠ Lorquin, 1 k.
HERMERSWILLER, 203 h. B.-Rhin, ar. Wissembourg, c. ⊠ Soultz-s.-Forêts, et Hoffen, 2 k.
HERMESKAPPEL, cᵉ de Bliesbrücken, Moselle.
HERMOLSHEIM, cᵉ de Mutzig, B.-Rhin.
HERNY (*Herlingen*), 609 h. ⊠ Moselle, ar. Metz, c. Faulquemont.
HERRCHWEILER, *V.* HENRIVILLE.
HERRENSOHR, 3181 h. ⊠ cᵉ Dudweiler, Sarre.
HERRLISHEIM (*Herlisheim*), 2227 h. ⊠ B.-Rhin, ar. Haguenau, c. Bischwiller.
HERRLISHEIM (*Herlisheim*), 812 h. ⊠ H.-Rhin, ar. Colmar, c. Wintzenheim.
HERSBACH, cᵉ de Wisches, B.-Rhin.
HERSTROFF, *V.* HESSTROFF.
HERTZING (*Herzingen*), 168 h. Moselle, ar. Sarrebourg, c. Réchicourt-le-Château, ⊠ Heming, 1 k.
HÉSINGUE (*Hasingen*), 1379 h. ⊠ H.-Rhin, ar. Mulhouse, c. Huningue, Sᵗ-Louis, 4 k.
HESSANGE, cᵉ de Vigy, Moselle.
HESSDORF, *V.* HESSTROFF.
HESSE (*Hessen*), 589 h. ⊠ Moselle, ar. c. Sarrebourg.
HESSENHEIM, 400 h. tram. B.-Rhin, ar. Schlestadt, 11 k. ⊠ Artolsheim.
HESSTROFF (*Hessdorf*), 477 h. Moselle, ar. Boulay, c. Bouzonville, ⊠ Eberswiller, Piblange, 1 k. 8.
HETTANGE-LA-GRANDE, (*Gross-Ellingen*), 2891 h. ⊠ Moselle, ar. Thionville-Est, c. Cattenom.
HETTANGE-LA-PETITE, cᵉ de Malling, Moselle.
HETTENSCHLAG, 209 h. H.-Rhin, ar. Colmar, c. ⊠ Neuf-Brisach, Sundhoffen, 6 k.
HEUSSEREN, cᵉ de Matzenheim, B.-Rhin.
HEUSWEILER, 1287 h. ⊠ tram. Sarre, ar. Sarrebrück, ch.-l. c.
HEYNING, *V.* HEINING.
HEYSERSBERG, *V.* Sᵗ-LOUIS, c. Phalsbourg, Moselle.
HEYWILLER (*Heiweiler*), 129 h. H.-Rhin, ar. c. Altkirch, 6 k. 5, ⊠ de Tagsdorff.
HIERSCHEID, 250 h. Sarre, ar. Ottweiler, c. ⊠ Dirmingen, 4 k.
HILBESHEIM, 452 h. Moselle, ar. Sarrebourg, c. Fénétrange, ⊠ Sarraltroff, 3 k. Riedling, 4 k.
HILBRINGEN, 745 h. ⊠ Sarre, ar. Merzig, 1 k. ch.-l. c.
HILSCHBACH, 492 h. tram. Sarre, ar. Sarrebruck, c. Sellerbach, ⊠ Guichenbach, 2 k.
HILSCHBACHER, 105 h. cᵉ Hilsbach, Sarre.
HILSBURG, *V.* HILSPRICH.
HILSENHEIM, 1905 h. ⊠ B.-Rhin, ar. Schlestadt, 12 k. c. Marckolsheim, 10 k.
HILSPRICH (*Hilsburg*), 674 h. Moselle, ar. Forbach, c. Sarralbe, ⊠ Remering, Farschwiller, 9 k.
HIMLINGEN, cᵉ de Puttelange-les-Rodemack, Moselle.
HINCKANGE (*Heinkingen*), 220 h. Moselle, ar. c. ⊠ Boulay, 4 k.
HINDISHEIM, 1143 h. ⊠ B.-Rhin, ar. c. Erstein, Limersheim, 2 k.
HINDLINGEN, 368 h. H.-Rhin, ar. Altkirch, c. Hirsingue, ⊠ de Friesen, Dannemarie, 9 k.
HINGRIE, cᵉ de l'Allemand-Rombas, H.-Rhin.
HINKINGEN, *V.* HINCKANGE.
HINSBOURG (*Hinsburg*), 138 h. B.-Rhin, ar. Saverne, c. la Petite-Pierre, ⊠ Tieffenbach, Frohmühl, 2 k.
HINSINGEN, 113 h. B.-Rhin, ar. Saverne, c. Saar-Union, ⊠ de Rech, 3 k.

HINSINGEN, cᵉ de Holving, Moselle.
HINTERFELD, cᵉ de Walbourg, B.-Rhin.
HINTERM-BUHL, cᵉ de Wasserbourg, H.-Rhin.
HINTERVOGELBACH, cᵉ de Sᵗ-Amarin, H.-Rhin.
HIPPOLTSKIRCH, cᵉ de Sondersdorf, H.-Rhin.
HIPSHEIM, 422 h. B.-Rhin, ar. c. Erstein, ⊠ Hindisheim, Limersheim, 2 k.
HIRBACH, cᵉ de Holving, Moselle.
HIRSCHBACH, 72 h. cᵉ de Dudweiler, Sarre.
HIRSCHBACH, 129 h. cᵉ de Sulzbach, Sarre.
HIRSCHLAND, 577 h. ⊠ B.-Rhin, ar. Saverne, c. Drulingen, 8 k. Fénétrange, 8 k.
HIRSINGUE (*Hirsingen*), 1444 h. ⊠ H.-Rhin, ar Altkirch, ch.-l. c. à 461 k. Paris.
HIRTEL, 144 h. Sarre, ar. Sarrebrück, c. ⊠ Heusweiler, 1 k. 2.
HIRTZBACH (*Hirzbach*), 1045 h. ⊠ H.-Rhin, ar. Altkirck, c. Hirsingue.
HIRTZELBACH, cᵉ de Neuve-Eglise, B.-Rhin.
HIRTZFELDEN (*Hirzfelden*), 669 h. ⊠ H.-Rhin, ar. Guebwiller, c. tram. Ensisheim, Meyenheim, 7 k.
HIRZBACH, *V.* HIRTZBACH.
HIRZFELDEN, *V.* HIRTZFELDEN.
HIRZWEILER, 509 h. Sarre, ar. Ottweiler, 3 k. c. ⊠ Uchtelfangen.
HIXBERG, 115 h. cᵉ de Guichenbach, Sarre.
HOBLINGEN, cᵉ de Chémery-les-Deux, Moselle.
HOCHBERG, cᵉ de Wingen, B.-Rhin.
HOCHEN, 984 h. ⊠ Sarre ar. Homburg, c. Waldmohr, 4 k.
HOCHFELD, cᵉ de Hohwald, B.-Rhin.
HOCHFELDEN, 2746 h. ⊠ B.-Rhin, ar. Strasbourg-C., ch.-l. c. 431 k. Paris.
HOCHSTATT, 1207 h. ⊠ H.-Rhin, ar. c. Altkirch.
HOCHSTETT, 170 h. B.-Rhin, ar. c. Haguenau, ⊠ Mommenheim, 3 k. 3.
HOCHWALSCH, *V.* PLAINE DE WALSCH, Moselle.
HOCHWIESMUHLE, 23 h. cᵉ d'Oberbexbach, Sarre.
HŒLSCHLOH, *V.* HOLSCHLOH.
HŒNHEIM (*Hönheim*), 2554 h. tram. B.-Rhin, ar. Strasbourg-C., c. Schiltigheim. ⊠ Bischheim-Hoenheim, 1 k. 5.
HŒRDT (*Hördt*), 2942 h. ⊠ B.-Rhin, ar. Strasbourg-C. c. Brumath.
HOFELD-MAUSBACH, 381 h. ⊠ Sarre, ar. Sᵗ-Wendel, c. Oberkirchen, Furschweiler, 3 k.
HOFEN, *V.* HOFFEN.
HOFF (*Hof*), 828 h. Moselle, ar. c. ⊠ Sarrebourg, 1 k. 5.
HOFFEN (*Hofen*), 499 h. ⊠ B.-Rhin, ar. Wissembourg, c. Soultz-s.-Forêts, 4 k.
HOHATZENHEIM, 192 h. B.-Rhin, ar. Strasbourg-C., c. Hochfelden, ⊠ Wingersheim, Mommenheim, 5 k. 6.
HOHBRÜCK, cᵉ de Vilsberg, Moselle.
HOHBUHL, cᵉ de Kirchberg, H.-Rhin.
HOHENGOEFFT (*Höhengöft*), 427 h. B.-Rhin, ar. Saverne, c. Marmoutier, ⊠ de Wasselonne, 3 k. 5.
HOHENSCHLOSS, *V.* ACHATEL.
HOHFRANKENHEIM, 278 h. B.-Rhin, ar. Strasbourg, c. ⊠ de Hochfelden, 3 k.
HOHROD, *V.* HOHROTH.
HOHRODBERG, cᵉ de Hohroth. H.-Rhin.
HOHRODERN, *V.* RODEREN.
HOHRODERN, cᵉ de Hohroth, H.-Rhin.
HOHROTH (*Hohrod*), 395 h. H.-Rhin, ar. Colmar, c. Munster, 2 k. 5.
HOHWALD, 643 h. ⊠ B.-Rhin, ar. Schlestadt, c. Barr, 15 k.
HOHWARTH, tram. c. de Sᵗ-Pierre-aux-Bois, B.-Rhin.

HOHWECK, c^e de Dabo, Moselle.
HOHWILLER, 359 h. B.-Rhin, ar. Wissembourg, c. Soultz-s.-Forêts, 2 k.
HOLACOURT (*Ollhofen*), 87 h. Moselle, ar. Boulay, c. Faulquemont, Brulange, Lesse, 1 k.
HOLBACH, c^e de Siersthal, Moselle.
HOLBACH-LES-St-AVOLD, c^e de la Chambre, Moselle.
HOLLING, 239 h. Moselle ar. c. Boulay, Freistroff, 3 k.
HOLLINGEN, c^e de Bettwiller, B.-Rhin.
HOLSCHLOCH, c^e de Merckwiller, H.-Rhin.
HOLTZHEIM (*Holzheim*), 1134 h B.-Rhin, ar. Erstein, c. Geispolsheim.
HOLTZWIHR (*Holzweier*), 520 .h H.-Rhin, ar. Colmar, c. Andolsheim, Bischwihr, 2 k. 8.
HOLVING, 914 h. Moselle, ar. Forbach, c. Sarralbe, 6 k. Puttelange-les-Sarralbe.
HOLZ, 1526 h. Sarre, ar. Sarrebrück, c. tram. Heusweiler, 5 k. et Quierschied, 6 k.
HOLZENBAD, c^e de Westhausen, B.-Rhin.
HOLZHEIM, V. HOLTZHEIM.
HOLZMUHLE, 138 h. c^e Lisdorf, Sarre.
HOLZWEIER, V. HOLTZWIHR.
HOMBOURG, 369 h. H.-Rhin, ar. Mulhouse, c. Habsheim, Ottmarsheim, Bantzenheim, 6 k.
HOMBOURG-BAS (*Niederhomburg*), c^e de Hombourg-Haut, Moselle.
HOMBOURG-BUDANGE ou SUR CANNER (*Homburg-Bidingen* ou *Kedingen*), 453 h. Moselle, ar. Thionville-Est, c. Metzerwisse, Kédange, 1 k. 5.
HOMBOURG-HAUT, ou L'ÉVEQUE (*Oberhomburg*), 2223 h. Moselle, ar. Forbach, c. St-Avold.
HOMBURG, 7196 h. Sarre, ch.-l. ar. c. (Lignes p. Deux-Ponts, Ludwigshafen, Nennkirch, St-Ingbert, Sarrebrück, Worms).
HOMELDINGEN, c^e de Cattenom, Moselle.
HOMMARTING, 673 h. Moselle, ar. c. Sarrebourg, Arschwiller, 2 k. et Reding, 4 k.
HOMMERT, 441 h. Moselle, ar. c. Sarrebourg, Harreberg, Vallérysthal, 5 k.
HONHEIM, V. HOENHEIM.
HONZRATH, 488 h. Sarre, ar. Merzig, 7 k. c. Haustadt, 2 k.
HOPITAL (L') (*Spittel*), 5742 h. Moselle, ar. Forbach, c. St-Avold.
HOPITAL-PUITS-NEUF (L'), dép. de L'Hôpital, Moselle.
HOPSTEIN, c^e de Dabo, Moselle.
HORBEN, c^e de Rimbach, H.-Rhin.
HORBOURG, 1134 h. tram. H.-Rhin, ar. Colmar, 3 k. c. Andolsheim.
HORDT, V. HOERDT.
HORGNE, c^e de Goin, Moselle.
HOST (BAS et HAUT), (*Oberet-Niederhost*), 468 h. Moselle, ar. Forbach, c. St-Avold, Puttelange, Farschwiller, 3 k.
HOSTENBACH, 1563 h. Sarre, ar. Sarrelouis, c. Differten.
HOSTENBACHGRUBE, 119 h. c^e Hostenbach, Sarre.
HOSTERHOF, 281 h. c^e de Wustweiler, Sarre.
HOTTWILLER, 804 h. Moselle, ar. Sarreguemines, c. Volmunster, Bitche, 8 k. et Gros-Réderching, 5 k.
HOUB (*Hub*), c^e de Dabo, Moselle.
HOUILLERE (LA), c^e de Roderen, H.-Rhin.
HOUILLERE (LA), c^e de St-Hippolyte, H.-Rhin.
HOUSSEN (*Hausen*), 1054 h. H.-Rhin, ar. Colmar, c. Andolsheim, de Bennwihr, 2 k.
HOUTTE, c^e de Villers-Stoncourt, Moselle.
HOUZARD (LE), c^e de Turquestein, Moselle.

HOWERT, cᵉ de Apach, Moselle.
HOXBERG, 46 h. cᵉ de Knorscheid, Sarre.
HUB, *V.* Houb.
HUDINGEN, *V.* Hampont.
HUERTINGHEIM, *V.* Hurtigheim.
HUHNERFELD, 1115 h. cᵉ de Sulzbach, Sarre.
HULTENHAUSEN, 420 h. Moselle, ar. Sarrebourg, c. Phasbourg, Luztelbourg, 2 k.
HULZWEILER, 1835 h. Sarre, ar. Sarrelouis, Fraulautern, 3 k.
HUMES, 860 h. Sarre, ar. Ottweiler, c. Dirmingen, 5 k.
HUNAWIHR (*Hunaweier*), 586 h. H.-Rhin, ar. c. Ribeauvillé, 2 k. 5.
HUHNERFELD, 1115 h. cᵉ de Sulzbach, Sarre.
HUNDLING, 636 h. Moselle, ar. c. Sarreguemines.
HUNDSBACH, 259 h. H.-Rhin, ar. c. Altkirch, 9 k. Tagsdorff.
HUNDSHOF, cᵉ de Haguenau, B.-Rhin.
HUNGERSHEIM, *V.* Ingersheim.
HUNINGUE (*Hüningen*), 3588 h. H.-Rhin, ar. Mulhouse, ch.-l. c. 485 k. Paris.
HUNSBACH, *V.* Hunspach. et Hundsbach.
HUNSKIRCH (*Hunskirch*), 372 h. Moselle, ar. Château-Salins, c. Albestroff, Insming, 7 k.
HUNSPACH (*Hunsbach*), 771 h. B.-Rhin, ar. Wissembourg, c. Soultz-s.-Forêts.
HUNTING, 274 h. Moselle, ar. Thionville-Est, c. Sierck, Malling, 2 k.
HUPPACH, cᵉ de Massevaux, H.-Rhin.
HURTIGHEIM, 443 h. tram. B.-Rhin, ar. Strasbourg-C., c. Truchtersheim, Ittenheim.
HUSSEREN-WESSERLING (*Hussern-Wesserling*), 1073 h. H.-Rhin, ar. Thann, c. St-Amarin, Wesserling.
HUSSEREN (*Hausern*), 436 h. H.-Rhin, ar. Colmar, c. Wintzenheim, Eguisheim, 4 k.
HUSSINGEN, cᵉ de Cattenom, Moselle.
HUTTE, cᵉ de Belmont, B.-Rhin.
HUTTENDORFF, 400 h. B.-Rhin, ar. c. Haguenau, Alteckendorf, Mommenheim, 3 k.
HUTTENHEIM, 1967 h. B.-Rhin, ar. Erstein, c. Benfeld, 2 k.
HUTTERSDORF, 197 h. Sarre, ar. Sarrelouis, c. Bettingen, 3 k.
HUTTINGEN, cᵉ de Kalhausen, Moselle.
HUTTIGWEILER - RASSWEILER, 1552 h. Sarre, ar. Ottweiler, c. Uchtelfangen, Illingen, 2 k. 5.

I

IBIGNY (*Ibingen*), 155 h. Moselle, ar. Sarrebourg, c. Réchicourt-le-Château, 5 k. Foulcrey.
IBRICK, cᵉ de Virming. Moselle.
ICHTERSHEIM, *V.* Ichtratzheim.
ICHTRATZHEIM, 207 h. B.-Rhin, ar. Erstein, c. Geispolsheim, Fegersheim, 2 k.
IHN ou LOIGNON, 455 h. Sarre, ar. Sarrelouis, c. Kerlingen, Ittersdorf, Gerstlingen, 1 k. 2.
ILE-NAPOLÉON (*Napoléoninsel*), 211 h. cᵉ Illzach, H.-Rhin, Rixheim.
ILLANGE (*Illingen*), 485 h. Moselle, ar. Thionville, c. Metzerwisse.
ILLFURTH (*Illfurt*), 1395 h. H.-Rhin, ar. c. Altkirch.
ILLHAUSEREN (*Illhausern*), 538 h. H.-Rhin, ar. c. Ribeauvillé, 4 k. 5. Guémar.

ILLINGEN, *V.* ILLANGE.

ILLINGEN-GENNWEILER, 2912 h. ⊠ . Sarre, c. Ottweiler, c. Uchtelfangen

ILLKIRCH (*Graffenstaden*), 6522 h. ⊠ tram. B.-Rhin, ar. Erstein, c. Geispolsheim.

ILLZACH, 3566 h. ⊠ tram. H.-Rhin, ar. Mulhouse, 4 k. c. Habsheim.

IMBSHEIM, 724 h. . B.-Rhin, ar. Saverne, c. ⊠ Bouxwiller, et Hattmatt, 3 k.

IMLING, 520 h. ⊠ . Moselle, ar. c. Sarrebourg.

IMMELDINGEN, c^e de Bertrange, Moselle.

IMWEILER, 701 h. . c^e Oberthal, Sarre.

INGBERTEREIDENWERK, 931 h. c^e St-Ingbert, Sarre.

INGENHEIM, 517 h. . B.-Rhin, ar. Strasbourg-C., c. Hochfelden, ⊠ Wilwisheim, 2 k.

INGERSHEIM (*Hungersheim*), 2686 h. ⊠ tram. H.-Rhin, ar. Ribeauvillé, c. Kaysersberg.

INGLANGE (*Inglingen*), 209 h. Moselle, ar. Thionville-Est, c. Metzerwisse, ⊠ Distroff, 4 k.

INGOLSHEIM, 197 h. . B.-Rhin, ar. Wissembourg, c. Soultz-s.-Forêts, ⊠. Riedseltz, Hunspach, 2 k.

INGWILLER, 2147 h. ⊠ . B.-Rhin, ar. Saverne, c. Bouxwiller.

INNENHEIM, 755 h. . B.-Rhin, ar. Erstein, c. Obernai ⊠ Krautergersheim, Duttlenheim, 5 k.

INSMING, 712 h. ⊠ . Moselle, ar. Château-Salins, c. Albestroff.

INSWILLER ou INSVILLER, 362 h. . Moselle, ar. Château-Salins, c. Albestroff, ⊠ Loudrefing, 4 k.

IPPLING, 436 h. . Moselle, ar. c. Sarreguemines, ⊠ Hundling, 2 k.

IRMSTETT, 143 h. B.-Rhin, ar. Molsheim, c. Wasselonne, ⊠ Bersbieten, Scharrachbergheim, 1 k.

IRREN (*Anstalt*), (Etablis. d'aliénés), c^e de Merzig, Sarre.

ISENBOURG, c^e de Rouffach, H.-Rhin.

ISENHEIM, *V.* ISSENHEIM.

ISINGEN, c^e de Eberswiller, Moselle.

ISSENHAUSEN, 123 h. . B.-Rhin, ar. Strasbourg-C., c. Hochfelden, ⊠ Bouxwillers, Ettendorf, 4 k.

ISSENHEIM, 1917 h. ⊠ . H.-Rhin, ar. Guebwiller, 3 k. c. Soultz-s.-Forêts.

ITTENHEIM, 883 h. ⊠ tram., B.-Rhin, ar. Strasbourg-C., c. Schiltigheim, 3 k.

ITTERSDORF, 653 h. ⊠ . Sarre, ar. Sarrelouis, c. Kerlingen, Felsberg, 2 k.

ITTERSWILLER, 394 h. ⊠ . B.-Rhin, ar. Schlestadt, c. Barr, Epfig, 1 k. 5.

ITTLENHEIM, 197 h. . B.-Rhin, ar. Strasbourg-C., c. Truchtersheim, ⊠ Quatzenheim, Merlenheim, 6 k.

ITZBACH, 380 h. Sarre, ar. Sarrelouis, c. ⊠ . Rehlingen.

ITZENPLITZGRUBE, 99 h. c^e de Wemmestsweiler, Sarre.

IUNGOLTZ (*Jungholz*), 905 h. ⊠ . H.-Rhin, ar. Guebwiller, c. Soultz, 3 k. 5.

J

JABACH, 74 h. Sarre, ar. Sarrelouis, c. ⊠ Lebach, 2 k.

JACOBSHUTTE, 61 h. dép. de Malstatt-Burlach incorporé à Sarrebrück, Sarre.

JAEGERTHAL, 64 h. . c^e de Niederbronn, B.-Rhin.

JAEGERTHAL, c^e de Windstein, B.-Rhin.

JAGERSBURG, 1076 h. ⊠ . Sarre, ar. Homburg, c. Waldmohr, 2 h.

JAGERSFREUDE, 622 h. , c^e de Dudweiler, Sarre.

JAGERSFREUDE, 462 h. ⊠ dép. de St-Johann, incorporé à Sarrebrück, Sarre.

JAGERTHAL, V. JAEGERTHAL.

JALLAUCOURT ou JALAUCOURT (*Gellshofen*), 349 h. ⊠. Moselle, ar. Château-Salins, c. Delme, 10 k. et Fresnes-en-Saulnois, 4 k.

JAMAILLE c^e de Rosselange, Moselle.

JEBSHEIM, 548 h. ⊠ tram. H.-Rhin, ar. Colmar, c. Andolsheim.

JETTERSWILLER, 245 h. B.-Rhin, ar. Saverne, c. ⊠ Marmoutier.

JETTINGEN, 428 h. ⊠. H.-Rhin, ar. c. Altkirch, 12 k.

JEUTZ (*Ober* et *Nieder*), V. YUTZ.

JOHANN'S ROHRBACH (S^t), V. St-JEAN-RORBACH.

JOUY-aux-ARCHES (*Gaudach*), 1058 h. ⊠. Moselle, ar. Metz-C., c. Gorze, Ars, 1 k. 2.

JUNGHOLZ, V. IUNGOLTZ.

JUNG-MUNSTROL, V. MONTREUX-JEUNE.

JURY (*Giringen*), 139 h. Moselle, ar. Metz-C., c. Verny, ⊠ Peltre, 2 k. 5.

JUSSY (*Jussingen*), 250 h. Moselle, ar. Metz-C., c. Gorze, ⊠ Moulins-les-Metz, 5 k.

JUTZ (BASSE et HAUTE), V. YUTZ.

JUVELISE (*Geislkirch*), 267 h. Moselle, ar. Château-Salins, c. Vic, ⊠ Lezey, Dieuze, 8 k. 5.

JUVILLE (*Juweiler*), 187 h. Moselle, ar. Château-Salins, c. Delme, ⊠ Liocourt, 2 k. 7.

K

KADENBRONN, c^e de Nousseviller-les-Puttelange, B.-Rhin.

KAIDENBOURG, c^e de Siegen, B.-Rhin.

KAISEN, 686 h. c^e de Uchtelfangen, Sarre.

KALBLIN, c^e de Freland, H.-Rhin.

KALEMBOURG, c^e de Lanmesfeld, Moselle.

KALHAUSEN (*Kallhausen*), 909 h. ⊠. Moselle, ar. Sarreguemines, c. Rohrbach.

KALMESWEILER, 323 h. c^e de Bubach, Sarre.

KALTENHAUSEN, 1073 h. ⊠. B.-Rhin, ar. c. Haguenau, Oberhoffen, 1 k. et Marienthal, 2 k. 3.

KAMBRICH, V. CHAMBREY.

KAMMERN, V. CHAMBRE (LA).

KAMPHAUSEN, 51 h. c^e de Sulzbach, Sarre.

KAMPHAUSEN, 136 h. c^e de Dudweiler, Sarre.

KANAL, c^e de Wolxheim, B.-Rhin.

KANFEN, 586 h. Moselle, ar. Thionville-Est, c. Cattenom, ⊠ Soufftgen, 3 k.

KAPPEL, V. CAPPEL et DIANNE-CAPELLE.

KAPPELEN (*Kappeln*), 350 h. H.-Rhin, ar. Mulhouse, c. Landser, ⊠ de Bartenheim, 4 k.

KAPPELKINGER, 598 h. ⊠. Moselle, ar. Forbach, c. Sarralbe.

KARLEN, V. CHARLY.

KARLHEIM, V. CHARLEVILLE.

KARLINGEN, V. CARLING.

KARLSBRUNN, V. CARLSBRUN.

KARSPACH, V. CARSPACH.

KASCHWEILER, V. CASTWILLER.

KATTENHOFEN, V. CATTENOM.

KATTWILLER, c^e de Montenach, Moselle.

KATZENTHAL, 509 h. ⊠. H.-Rhin, ar. Ribeauvillé, c. Kaysersberg.

KAUFFENHEIM, 212 h. B.-Rhin, ar. Haguenau, c. Bischwiller, ⊠ Roeschwoog, 3 k. 5.

KAYSERSBERG, 2700 h. ⊠ tram. H.-Rhin, ar. Ribeauvillé, ch.-l. c. 433 k. Paris.

KECHINGEN, . c^e de Garsche, Moselle.

KÉDANGE ou KELDANGE (*Kedingen*), 493 h. . Moselle, ar. Thionville-Est, c. Metzerwisse.

KEFFENACH, 206 h. . B.-Rhin, ar. Wissembourg, c. Soultz-s.-Forêts, 4 k.

KEFFENDORF, . C^e de Ohlungen, B.-Rhin.

KEMBS, 1116 h. . H.-Rhin, ar. Mulhouse, c. Habsheim, Siérentz, 5 k.

KEMPLICH, 440 h. . Moselle, ar. Thionville-Est, c. Metzerwisse, Kédange, 7 k.

KEMNAT, *V.* CHEMINOT.

KENCHEN, *V.* LAQUENEXY.

KERBACH, 870 h. . Moselle, ar. Forbach, 7 k. Etzling.

KERLING-LES-SIERCK, 597 h. . Moselle, ar. Thionville-Est, c. Sierck, Malling, 4 k. 5.

KERLINGEN, 354 h. Sarre, ar. Sarrelous, 8 k. c. ch.-l. c. . Ittersdorf, tram. Wallefrangen, 4 k. 5, Felsberg, 4 k.

KERPRICH-AUX-BOIS, 260 h. . Moselle, ar., c. Sarrebourg, 9 k., Langatte.

KERPRICH-LES-DIEUZE, 376 h. Moselle, ar. Château-Salins, c. Dieuze, 1 k. 5.

KERPRICH-HEMMERSDORF, 589 h. . Sarre, ar. Sarrelouis, c. Oberesch.

KERTZFELD (*Kerzfeld*), 954 h. . B.-Rhin, ar. Esteln, c. Benfeld, 1 k. 2.

KESKASTEL, 1325 h. . B.-Rhin, ar. Saverne, c. Saar-Union.

KESSELDORF, 350 h. B.-Rhin, ar. Wissembourg, c. Seltz, Beinheim.

KESSENDORF, c^e de Ohlungen, B.-Rhin.

KESSMACH, *V.* CHESNY.

KESTENHOLZ, *V.* CHATENOIS.

KESTLACH, *V.* KŒSTLACH.

KETTENCHEN, *V.* CHAILLY-LES-ENNERY.

KEUCHINGEN, 1066 h. Sarre, ar. Merzig, c. Mettlach, 1 k.

KIENHEIM, 211 h. B.-Rhin, ar. Strasbourg-C., c. tram. de Truchtersheim, 6 k. Gougenheim.

KIENTZHEIM (*Kienzheim*), 867 h. tram. H.-Rhin, ar. Ribeauvillé, c. Kaysersberg.

KIFFIS, 231 h. . H.-Rhin, ar. Altkirch, c. Ferrette, 12 k. Wolschwiller.

KILBEL, c^e de Stosswihr, H.-Rhin.

KILSTETT, 883 h. . B.-Rhin, ar. Strasbourg-C., c. Brumath.

KINDWILLER, 543 h. . B.-Rhin, ar. Haguenau, c. Niederbronn, Pfaffenhoffen, 3 k.

KINGERSHEIM (*Gingersheim*), 868 h. tram. H.-Rhin, ar., c. tram. Mulhouse, 6 k.

KINTZHEIM (*Kinzheim*), 1343 h. . B.-Rhin, ar., c. Schlestadt, 4 k. et Châtenois, 2 k.

KIRBERG, *V.* KIRRBERG.

KIRCHBERG, 777 h. . H.-Rhin, . ar. Thann, c. Massevaux Niederbruck, Kirchberg-Weegscheid.

KIRCHBERG- a/-WALD, *V.* KERPRICH-AU-BOIS.

KIRCHHEIM, 349 h. . B.-Rhin, ar. Molsheim, c. Molsheim, c. Wasselonne, Marlenheim.

KIRCHNAUMEN, *V.* KIRSCHNAUMEN.

KIRKEL-NEUHAUSEL, 1838 h. . Sarre, ar. Homburg, c. Waldmohr.

KIRRBERG (*Kirberg*), 284 h. B.-Rhin, ar. Saverne, c^e Drulingen, Fénétrange, 3 k. 6.

KIRRWILLER (*Kirweiler*), 598 h. B.-Rhin, ar. Saverne, c. Bouxwiller, 4 k.

KIRSCH-LES-LUTTANGE, c^e de Luttange, Moselle.

KIRSCH-LES-SIERCK, 423 h. . Moselle, ar. Thionville-Est, c. Sierck, 4 k.

KIRSCHECKSCHACHT, 31 h. c^e de Gulchenbach, Sarre.

KIRSCHOF, 138 h. Sarre, ar. Sarrebruck, c. tram. Heusweiler, 2 k.

KIRSCHNAUMEN (*Kirchnaumen*), 759 h. Moselle, ar. Thionville-Est, c. Sierck, 9 k.

KIRWILLER ou KIRRWILLER (*Kiweiler*), 225 h. Moselle, ar. Forbach, c. Sarralbe, Rech, 3 k.

KITZINGEN, C^e de Merschwiller, Moselle.

KLANGEN, c^e de Klemplich, Moselle.

KLARENTHAL, *V.* CLARENTHAL.

KLEEBURG, *V.* CLÉEBOURG.

KLEINAU, c^e de Malmerspach, H.-Rhin.

KLEIN-BESSINGEN, *V.* BEZANGE-LA-PETITE.

KLEIN-BLITTERSDORF, 1461 h. Sarre, ar. Sarrebruck, ch.-l. c.

KLEIN BREISDORF, *V.* BREISTROFF-LA-PETITE.

KLEIN-EBERSWEILER, *V.* EBERSWILLER-PETITE.

KLEIN-EICH, c^e de Reding, Moselle.

KLEINENHOF, c^e de Haguenau, B.-Rhin.

KLEIN-ETTINGEN, c^e de Malling, Moselle.

KLEINFRANCKENHEIM, 203 h. B.-Rhin, ar. Strasbourg-Est, c. tram. Truchtersheim, 2 k.

KLEINGENTHAL, *V.* KLINGENTHAL.

KLEINGŒFFT (*Kleingöfft*), 123 h. B.-Rhin, ar. Saverne, c. Marmoutier, Maennolsheim.

KLEINHAMMER, c^e de Mouterhausen, Moselle.

KLEIN-HARTZWILLER, c^e de Hartzwiller, Moselle.

KLEINHEILIGENWALD, 2140 h. C^e de Schiffweiler, Sarre.

KLEIN-LANDAU, *V.* PETIT-LANDAU.

KLEIN-LEBERAU, *V.* LIEPVRE-PETITE.

KLEIN-MOVERN, *V.* MOYEUVRE-PETITE.

KLEIN-OTTWEILER, 315 h. Sarre, ar. Homburg, c. Waldmohr, Mittelbexbach, 2 k.

KLEINPRUNACH, *V.* POURNOY-LA-CHÉTIVE.

KLEIN-RAPPOLSTEIN, *V.* PETIT-RIBEAUVILLÉ.

KLEIN-REDERCHINGEN, *V.* PETIT-REDERCHING.

KLEIN-ROSSELN, *V.* PETITE-ROSSELLE.

KLEIN-RUMBACH, c^e de Ste-Croix-aux-Mines, H.-Rhin.

KLEINTANNCHEN, *V.* PETIT-TENQUIN.

KLEINTHAL, c^e de Longeville-les-St-Avold, Moselle.

KLEINWINGEN (*Neudörfel*), c^e de Wingen, B.-Rhin.

KLIMBACH, *V.* CLIMBACH.

KLINGENTHAL, C^e de Bœrsch et dépendances (anc. pays de Basse-Alsace), B.-Rhin.

KLINGENTHAL, c^e de Ottrott, B.-Rhin.

KLEINGEN, *V.* CLOUANGE.

KNAUSHOLZ, 424 h. Sarre, ar. Sarrelouis, c. tram. Schwalbach, 2 k.

KNEUTTINGEN, *V.* KNUTANGE

KNŒRINGEN (*Knoringen*), 192 h. H.-Rhin, ar. Mulhouse, c. Huningue, Folgensbourg, Waldighoffen, 14 k.

KNŒRSHEIM (*Knorsheim*), 162 h. B.-Rhin, ar. Saverne, c. Marmoutier, Wasselonne, 6 k. 7.

KNORSCHEID, 171 h. Sarre, ar. Sarrelouis, c. Lebach, 5 k.

KNUTANGE (*Kneuttingen*), 5612 h. Moselle, ar. Thionville-Est, c. Hayange.

KNUTANGE (*aciéries*), C^e Knutange, Moselle.

KOCHERN, *V.* COCHEREN.

KOCHERSBERG, B.-Rhin, pays comprenant le canton de Truchtersheim.

KŒNIGSFELD (*Kolrein*), *V.* COLROY-LA-ROCHE.

KŒNIGSHOFFEN (*Königsho-

fen), 7808 h. ⊠ ⚲ ▭ ⛟ tram. B.-Rhin, c^e de Strasbourg, 3 k.

KŒNIGSMACKER (*Königsmachern*), 1277 h. ⊠ ⚲ ▭ ⛟. Moselle, ar. Thionville-Est, c. Metzerwisse.

KŒSTLACH (*Köstlach*), 408 h. ⚲ ▭. H.-Rhin, ar. Altkirch, c. ⊠ ⛟ Ferrette, 3 k.

KŒTZINGEN (*Kötzingen*), 336 h. ⚲ ▭. H.-Rhin, ar. Mulhouse, c. Landser, ⊠ ⛟ Sierentz, 5 k.

KOGENHEIM, 1115 h. ⊠ ⚲ ▭ ⛟. B.-Rhin, ar. Erstein, c. Benfeld.

KOHLENGRUBE, 77 h. C^e de Mittelbexbach, Sarre.

KOHLHOF, 129 h. C^e de Limbach, Sarre.

KOHLHOF, 244 h. Sarre, ar. Ottweiler, c. ⊠ ⚲ ▭ ⛟ Neunkirchen, 6 k.

KOLBSHEIM, 557 h. ⊠ ⚲ ▭. B.-Rhin, ar. Strasbourg-C., c. c. Schiltigheim, ⛟ Duppigheim, 2 k.

KOLN ou KOLLN, 281 h. ⊠ ⚲ ▭ ⛟. Sarre, ar. Sarrebruck, c. Sellerbach et ⛟ Puttlingen, 1 k.

KOLONIE-a/-ELVERSBERG, V. Elversberg.

KOLREIN, V. Colroy-la-Roche.

KOLTERS, V. Coutures.

KONIGSHOFEN, V. Kœnigshoffen.

KONTCHEN, V. Condé-Northen.

KONTZ-BASSE (*Niederkontz*), 532 h. ⚲ ▭. Moselle, ar. Thionville-Est, c. Cattenom, ⊠ ⛟ Sierck, 1 k.

KONTZ-HAUTE (*Oberkontz*), 454 h. ⚲ ▭. Moselle, ar. Thionville-Est, c. Cattenom, ⊠ ⛟ Sierck, 4 k.

KONZICH, V. Coincy.

KORPRICH, 503 h. Sarre, ar. Sarrelouis, c. ⊠ ⚲ ▭ ⛟ tram. Nalbach.

KOSTLACH, V. Kœstlach.

KOSWEILER ou KOSSWEILER, V. Coswiller.

KOTTENDORF, c^e de Schwerdoff, Moselle.

KOTZINGEN, V. Kœtzingen.

KRAFFT, c^e de Erstein, B.-Rhin.

KRAMERS-HAUSCHEN, 60 h. dép. de St-Johann incorporé à Sarrebrück, Sarre.

KRANHOFEN, V. Craincourt.

KRASTATT, V. Crastatt.

KRAUTERGERSHEIM ou KRAUTGERSHEIM, 1381 h. ⊠ ⚲ ▭. B.-Rhin, ar. Erstein, c. ⛟ Obernai, 7 k.

KRAUTWILLER, 152 h. B.-Rhin, ar. Strasbourg-C., c. ⊠ ⚲ ▭ ⛟ de Brumath, 2 k.

KREUZ, c^e de St-François, Moselle.

KREUZGRABEN, 50 h. c^e de Sulzbach, Sarre.

KREUZWALD, V. Creutzwald-la-Croix, Moselle.

KRIECHINGEN, V. Créhange.

KRIEGSHEIM, 370 h. B.-Rhin, ar. Strasbourg-C., c. ⊠ ⚲ ▭ ⛟ de Brumath, 3 k. 5.

KRONENBURG, V. Cronenbourg.

KRONTHAL, c^e de Wasselonne, B.-Rhin.

KROTTWEILER, V. Crœttwiller.

KRUGHUTTE, 473 h. ▭. Sarre, ar. Sarrebrück, c. ⊠ ⚲ ▭ ⛟ Clarenthal.

KRUTH (*Gereuth* ou *Greith*), 594 h. ⛟, 2 k. B.-Rhin, ar. Schlestadt, c. Villé, ⊠ ⚲ ▭ Thanvillé, V. Neubois.

KRUT, 1475 h. ⊠ ⚲ ▭ ⛟. H.-Rhin, ar. Thann, c. St-Amarin.

KUBERN, V. Cuvry.

KUBERNECK, V. Coin-les-Cuvry.

KUENHEIM (*Künheim*), 600 h. ⊠ ⚲ ▭. H.-Rhin, ar. Colmar, c. Andolsheim, ⛟ Muntzenheim, 5 k.

KUELENDORFF (*Kühlendorf*), 129 h., B.-Rhin, ar. Wissembourg, c. ⊠ ⚲ ▭ ⛟ de Soultz-s.-Forêts, 4 k.

KUHBERG, c^e de Dabo, Moselle.

KUHLENDORF, V. Kuelendorff.

KUHMEN, V. Coume.

KUHNEBACH, c^e de Meissengott, B.-Rhin.

KUNHEIM, V. Kuenheim.

KUNTZIG (*Kunzig*), 682 h. ⊠ ⚲ ▭ ⛟. Moselle, ar. Thionville-Est, c. Metzerwisse.

KURHOF, 65 h. Sarre, ar. Sarrebrück, c. ⊠ tram. Heusweiler, 5 k.

KURTZENHAUSEN (*Kurzenhausen*), 588 h. ⊠. B.-Rhin, ar. Strasbourg-C., c. Brumath.

KURZEL, *V.* COURCELLES-CHAUSSY.

KURZEL-a/-NIED, *V.* COURCELLES-S.-NIED.

KURZENHAUSEN, *V.* KURTZENHAUSEN.

KUTTINGEN, *V.* CUTTING.

KUTTOLSHEIM, 593 h. B.-Rhin, ar. Strasbourg-C., c. Truchtersheim, ⊠ Marlenheim, 4 k.

KUTZENHAUSEN, 752 h. B.-Rhin, ar. Wissembourg, c. ⊠ de Soultz-s.-Forêts, 2 k.

KUTZHOF, 219 h. Sarre, ar. Sarrebrück, c. ⊠ Heusweiler.

L

LAACH, *V.* LALAYE.

LABACH, 859 h. Sarre, ar. Sarrelouis, ⊠ tram. Saarwellingen, Nalbach, 8 k.

LABROQUE, *V.* BROQUE (LA).

LABAROCHE, *V.* BAROCHE (LA).

LACH, *V.* LALAYE.

LACHAMBRE, *V.* CHAMBRE (LA).

LACROIX, *V.* CROIX (LA).

LAFRIMBOLE (*Gerden*), 384 h. Moselle, ar. Sarrebourg, c. Lorquin, ⊠ St-Quirin, Abreschwiller 11 k.

LAGARDE (*Garden*), 541 h. ⊠. Moselle, ar. Château-Salins, c. Vicer Avricourt, 11 k.

LAGRANGE (*Scheuern*), . Ce de Manom, Moselle.

LALAYE (*Laach-Lach*), 822 h. B.-Rhin, ar. Schlestadt, c. Villé, 3 k. 7. ⊠ Fouchy.

LA MAXE, *V.* MAXE.

LAMBACH, 757 h. Moselle, ar. Sarreguemines, c. Rohrbach, ⊠ Enchenberg, 4 k.

LAMPERTHEIM, 885 h. B.-Rhin, ar. Strasbourg-C., c. Schiltigheim, ⊠ Mundolsheim, 3 k.

LAMPERTSLOCH, 468 h. B.-Rhin, ar. Wissembourg, c. Woerth-s.-Sauer, ⊠ Preuschdorf, Surbourg-Hoschloch.

LANDANGE (*Landingen*), 234 h. Moselle, ar. Sarrebourg, c. ⊠ Lorquin, Hening, 3 k. et Gondrexange, 2 k. 6.

LANDAU, *V.* PETIT-LANDAU.

LANDENWEILER, *V.* LANDONVILLERS.

LANDERSBACH, ce de Sondernach, H.-Rhin.

LANDERSHEIM, 162 h. B.-Rhin, ar. Saverne, c. Marmoutier, ⊠ Maennolsheim, Wasselonne, 10 k.

LANDINGEN, *V.* LANDANGE.

LANDONVILLERS (*Landenweiler*), 133 h. ⊠. Moselle, ar. Metz-C., c. Pange.

LANDORF, *V.* LANDROFF.

LANDREFANG, *V.* LOUDREFANG.

LANDREMONT, . Ce de Silly-sur-Nied, Moselle.

LANDROFF (*Landorf*), 373 h. ⊠, Moselle, ar. Forbach, c. Gros-Tenquin.

LANDSER, 317 h. ⊠. H.-Rhin, ar. Mulhouse, ch.-l. c. 471 h. Paris, Schlierbach, 4 k. et Habsheim, 6 k. 9.

LANDSWEILER, 3320 h. ⊠. Sarre, ar. Ottweiler, c. Stennweiler.

LANDSWEILER, 612 h. . Sarre, ar. Sarrelouis, c. ⊠ Lebach, 4 k.

LANEUVEVILLE-EN-SAULNOIS (*Neuheim-i/-Lothringen*), 290 h. Moselle, ar. Château-Salins, c. ⊠ Delme, Driocourt, 1 k. 2.

LANEUVEVILLE-LÈS-LORQUIN (*Neuendorf-b/-Lörchingen*), 126 h. Moselle, ar. Sarrebourg, c. ⊠. Lorquin, 2 k. 5.

LANEUVILLE, ce de Vry, Moselle.

LANGATTE (*Langd*), 584 h. ⊠. Moselle, ar. c., Sarrebourg, 6 k.

LANGENBERG, *V.* LANGUIMBERT.

LANGENFELD, c^e de Kirchberg, H.-Rhin.

LANGENFELDERHOF, 35 h. C^e de St-Wendel, Sarre.

LANGENHEIM, V. LONGEVILLE-LES-METZ.

LANGENSOULTZBACH (*Langensulzbach*), 680 h. B.-Rhin, ar. Wissembourg, c. Woerth-s.-Sauer.

LANGUIMBERT (*Langenberg*), 368 h. Moselle, ar. Sarrebourg, c. Réchicourt-le-Château, Azoudange, 6 k. 7.

LANING (*Lanningen*), 480 h. Moselle, ar. Forbach, c. Gros-Tenquin, Lixing-les-Laning, St-Avold, 9 k.

LAPPENTASCHERHOF, 53 h. c^e de Erbach, Sarre.

LAPOUTROYE, V. POUTROYE.

LAQUENEXY (*Kenchen*), 360 h. Moselle, ar. Metz-C., c. Pange, Courcelle-s.-Nied, 2 k.

LARGITZEN, 309 h. H.-Rhin, ar. Altkirch, c. Hirsingue, Seppois-le-Bas, Hirtzbach, 5 k. 5.

LASCEMBORN ou LASSENBORN, V. LAFRIMBOLE.

LAUBACH, 249 h. B.-Rhin, ar. Wissembourg, c. Woerth-s.-Sauer, Dürrenbach, Mertzwiller, 3 k.

LAUBENHEIM, c^e de Mollkirch, B.-Rhin.

LAUBRUCKEN, c^e de Eberswiller, Moselle.

LAUDREFANG, V. LOUDREFANG et LOUDREFING.

LAUE (*Aue*), V. LAUW.

LAUMESFELD, 311 h. Moselle, ar. Thionville-Est, c. Sierck, 12 k., Monneren et Bouzonville, 12 k.

LAUNSTROFF ou LAUSTROFF (*Launsdorf*), 459 h. Moselle, ar. Thionville-Est, c. Sierck, 12 k. 5, Manderen.

LAUTENBACH, 2019 h. H.-Rhin, ar., c. Guebwiller.

LAUTENBACH, 601 h. Sarre, ar., c. Ottweiler, 11 k.

LAUTENBACH-ZELL, 1453 h. H.-Rhin, ar., c. Guebwiller, Lautenbach.

LAUTERBACH, 1214 h. Sarre, ar. Sarrebruck, c. Ludweiler, L'Hôpital, 3 k.

LAUTERBOURG, 1951 h. B.-Rhin, ar. Wissembourg, ch.-l. c. 510 k. Paris.

LAUTERFANGEN, V. LOUDREFANG.

LAUTERFINGEN, V. LOUDREFING.

LAUTERMINGEN, V. LOUTREMANGE.

LAUTZKIRCHEN, 1300 h. Sarre, ar. St-Ingbert, c. Blieskastel.

LAUVALLIERE, c^e de Noisseville, Moselle.

LAUVALLIERE, c^e de Nouilly, Moselle.

LAUW (*Laue* ou *Aue*), 844 h. H.-Rhin, ar. Thann, c. Massevaux, 2 k.

LAVIEUVILLE, c^e de Vry, Moselle.

LEBACH, 1460 h. Sarre, ar. Sarrelouis, ch.-l. c.

LEBERAU, V. LIEPVRE.

LEIDINGEN, 195 h. Sarre, ar. Sarrelouis, c. Kerlingen, Ittersdorf, Bouzonville, 5 k.

LEIDINGEN, c^e de Heining, Moselle.

LEIMBACH, 746 h. H.-Rhin, ar., c. Thann, 2 k. 8.

LEIMEN, V. LEYMEN.

LEININGEN, V. LÉNING.

LEITERSWILLER, 231 h. B.-Rhin, ar. Wissembourg, c. Soultz-s.-Forêts, Hoffen, 1 k. 5.

LEITZELTHAL, c^e de Philippsbourg, Moselle.

LEITZWEILER, 47 h. C^e de Theley, Sarre.

LELLING, 338 h. Moselle, ar. Forbach, c. Gros-Tenquin, Pont-Pierre, Faulquemont, 10 k. et Téting, 3 k.

LEMAN, c^e de la Baroche, H.-Rhin.

LEMBACH, 1448 h. B.-Rhin, ar., c. Wissembourg.

LEMBERG, 1703 h. Moselle, ar. Sarreguemines, c. Bitche.

LEMHOFEN, *V.* Lémoncourt.
LÉMERSDORF, c^e de Oudren, Moselle.
LÉMONCOURT (*Lemhofen*), 131 h. Moselle, ar. Château-Salins, c. ⊠ Delme, 2 k.
LEMUD (*Mud*), 200 h. Moselle, ar. Metz-C., c. Pange, ⊠ de Rémilly, Saury-s.-Nied, 2 k.
LENGUELSHEIM (*Lengelsheim*), 494 h. Moselle, ar. Sarreguemines, c. Volmunster, ⊠ Breidenbach, Bitche, 10 k.
LÉNING (*Leiningen*), 292 h. ⊠ Moselle, ar. Château-Salins, c. Albestroff.
LÉOPOLDSTHAL, 181 h. C^e de Schiffweiler, Sarre.
LÉOVILLER, c^e de Vaudoncourt, Moselle.
LES ETANGS, *V.* Etangs.
LÉSSE (*Lesch*), 319 h. Moselle, ar. Château-Salins, c. Delme, ⊠ Baudrecourt, 5 k.
LESSY (*Lessingen*), 396 h. Moselle, ar. Metz-C., c. Gorze, ⊠ Moulins-les-Metz, 3 k. (v.) Chatel-St-Germain, 1 k.
LETTENBACH, c^e de St-Quirin, Moselle.
LEUTENHEIM, 789 h. B.-Rhin, ar. Haguenau, c. Bischwiller, ⊠ Roeschwoog, 1 k. 5.
LÉVONCOURT (*Luffendorf*), 181 h. H.-Rhin, ar. Alkirch, c. Ferrette, 14 k. ⊠ Courtavon.
LÉY, 196 h. Moselle, ar. Château-Salins, c. Vic, ⊠ Lezey Gélucourt, 9 k. et Dieuze, 11 k.
LEYMEN (*Leimen*), 793 h. ⊠ H.-Rhin, ar. Mulhouse, c. Huningue, St-Louis, 5 k.
LEYRINGEN, c^e de Marspich, Moselle.
LEYWILLER, 254 h. Moselle, ar. Forbach, c. Gros-Tenquin, ⊠ Maxstadt, Insming, 10 k.
LEZEY (*Lilzingen*), 180 h. ⊠ Moselle, ar. Château-Salins, c. Vic-s.-Seille, 9 k.

L'HOPITAL, *V.* Hopital.
LHOR (*Lohr*), 265 h. Moselle, ar. Château-Salins, c. Albestroff, ⊠ Loudrefing, 6 k. *V.* Lohr.
LICHTENBERG ou LICHTEMBERG, 842 h. ⊠ B.-Rhin, ar. Saverne, c. La Petite Pierre, Wimmenau, 4 k.
LIDREQUIN (*Linderchen*), 51 h. Moselle, ar. c. Château-Salins, ⊠ Conthil, 2 k.
LIDREZING ou LINDREZING (*Liedersingen*), 176 h. Moselle, ar. Château-Salins, c. Dieuze, ⊠ Conthil.
LIEBENTZWILLER (*Liebenzweiler*), 200 h. H.-Rhin, ar. Mulhouse, c. Huningue, ⊠ Leymen, Werentzhouse, 10 k.
LIEBERGALLSHAUS, 130 h. c^e de Sulzbach, Sarre.
LIEBFRAUENTHAL, c^e de Goersdorf, B.-Rhin.
LIEBSDORFF (*Liebsdorf*), 262 h. H.-Rhin, ar. Altkirch, c. Ferrette, 8 k. ⊠ Durlinsdorf.
LIEDERSCHEIDT, 415 h. Moselle. ar. Sarreguemines c. Bitche, 13 k. ⊠ Haspelscheidt.
LIEDERSINGEN, *V.* Lidrezing.
LIÉCHON (*Liéheim*), 143 h. Moselle, ar. Metz-C., c. Verny, ⊠ Solgne, Vigny, 5 k.
LIEPVRE (*Leberau*), 2061 h. ⊠ H.-Rhin, ar. Ribeauvillé, c. Ste-Marie-aux-Mines.
LIEPVRE-PETITE, (*Klein-Lebereau*), c^e de Ste-Marie-aux-Mines, H.-Rhin.
LIESCHBACH, c^e de Philipsbourg, Moselle.
LIGSDORFF (*Luxdorf*), 316 h. H.-Rhin, ar. Altkirch, c. ⊠ Ferrette, 4 k.
LIMBACH, 1406 h. ⊠ Sarre, ar. Sarrelouis, c. Bettingen.
LIMBACH-SUR-LA-BLIES, 1135 h. ⊠ Sarre, ar. Homburg, c. Waldmohr.
LIMERSHEIM, 501 h. B.-Rhin, ar. c. Erstein, ⊠ Hindisheim.

LINDEN, 132 h. Ce de Oberthal, Sarre.
LINDERCHEN, V. LIDREQUIN.
LINDRE-BASSE (*Niederlinder*) 320 h. Moselle, ar. Château-Salins, c. ⊠ ⚑ ☎ 🚉 Dieuze, 3 k.
LINDRE-HAUTE (*Oberlinder*), 106 h. Moselle, ar. Château-Salins, c. ⊠ ⚑ ☎ 🚉 Dieuze, 2 k. 5.
LINDREZING, V. LIDREZING.
LINDSCHEID, 129 h. Sarre, ar. Ottweiler, c. Tholey, ⊠ ⚑ ☎ Theley, 🚉 Limbach, 3 k.
LINGOLSHEIM, 2298 h. ⊠ ⚑ ☎ 🚉. tram. B.-Rhin, ar. Erstein, c. Geispolsheim.
LINHOFEN, V. LIOCOURT.
LINSDORF, ce de Gros-Tenquin, Moselle.
LINSDORFF (*Linsdorf*), 170 h. H.-Rhin, ar. Altkirch, c. Ferrette, ⊠ ⚑ ☎ Oltingen, 🚉 Werentzhouse, 3 k. 4.
LINSERHOF, 29 h. 🚉. Ce de Ueberherrn, Sarre.
LINTHAL, 1003 h. ⊠ ⚑ ☎. H.-Rhin, ar. c. Guebwiller, 🚉 Lautenbach, 2 k.
LIOCOURT (*Linhofen*), 205 h. ⊠ ⚑ ☎ 🚉. Moselle, ar. Château-Salins, c. Delme.
LIPSHEIM, 676 h. ⚑ ☎. B.-Rhin, ar. Erstein, c. Geispolsheim, ⊠ 🚉 Fegersheim, 0 k. 3.
LISDORF, 2161 h. ⊠ ⚑ ☎ 🚉 tram. Sarre, ar. Sarrelouis, ch.-l. c.
LITTENHEIM, 346 h. ⚑ ☎. B.-Rhin, ar. c. Saverne, ⊠ 🚉 Dettwiller, 3 k.
LITZINGEN, V. LEZEY.
LIXHAUSEN, 309 h. ⚑ ☎. B.-Rhin, ar. Strasbourg-C., c. 🚉 Hochfelden, 5 k. ⊠ Wickersheim.
LIXHEIM, 670 h. ⊠ ⚑ ☎. Moselle, ar. Sarrebourg, c. Phalsbourg, 🚉 Réding, 6 k.
LIXINGEN, V. LIXING ET LUCY.
LIXING-LES-LANNING, 428 h. ⊠ ⚑ ☎. Moselle, ar. Forbach, c. Gros-Tenquin, 🚉 St-Avold, 6 k. 5 et Kleinbliihersdorf (Sarre), 3 k. 5.
LIXING-LES-ROUHLING (*Lixingen*), 433 h. ⚑ ☎. Moselle, ar. c. Sarreguemines, ⊠ Gross-Bliderstroff, 🚉 Klein-Blittersdorf, 3 k. 5.
LOBE (LA), ⚑ ☎. ce de Arry, Moselle.
LOBSANN, 448 h. ⚑ ☎. B.-Rhin, ar. Wissembourg, c. ⊠ 🚉 Soultz-s.-Forêts, 5 k.
LOCHLE, ⚑ ☎. ce de Kembs, H.-Rhin.
LOCHWILLER, 394 h. B.-Rhin, ar. Saverne, c. ⊠ ⚑ ☎ 🚉 Marmoutier, 3 k.
LOGELBACH (LE), ⊠ ⚑ ☎ 🚉 tram. ce de Colmar, H.-Rhin.
LOGELBACH (LE), ce de Wintzenbach, B.-Rhin.
LOGELNHEIM, V. LOGLENHEIM.
LOGLENHEIM, 334 h. ⚑ ☎. H.-Rhin, ar. Colmar, c. Neuf-Brisach, ⊠ 🚉 Ste-Croix-en-Plaine.
LOHR (*Lhor*), 606 h. ⚑ ☎. B.-Rhin, ar. Saverne, c. La Petite-Pierre, ⊠ Petersbach, 🚉 Londrefing, 4 k. V. LHOR.
LOIGNON, V. IHN.
LOMBAS, ce de Saulxures, B.-Rhin.
LOMBERG, ce de Orbey, H.-Rhin.
LOMMERANGE ou LOMMANGE (*Lommeringen*), 238 h. ⚑ ☎. Moselle, ar. Thionville-Ouest, c. ⊠ 🚉 Fontoy, 4 k.
LONGEVILLE-LES-CHEMINOT, ce de Cheminot, Moselle.
LONGEVILLE-LES-METZ (*Langenheim*), 2206 h. ⊠ ⚑ ☎ 🚉. Moselle, ar. c. Metz-C.
LONGEVILLE-LES-St-AVOLD (*Lubeln*), 1801 h. ⊠ ⚑ ☎. Moselle, ar. Boulay, c. Faulquemont, 🚉 St-Avold, 7 k. 5.
LONGUEVILLE, V. LONGEVILLE.
LORCHINGEN, V. LORQUIN.
LORENTZEN (*Lorenzen*), 451 h. B.-Rhin, ar. Saverne, c. Saar-Union, ⊠ ⚑ 🚉 Diemeringen, 1 k.
LORQUIN, (*Lorchingen*), 863 h. ⊠ ⚑ ☎ 🚉. Moselle, ar. Sarrebourg, ch.-l. c. 400 k. Paris.
LORRY-MARDIGNY ou devant le Pont) (*Lorringen-Mardeningen*), 542 h. ⊠ ⚑ ☎ Moselle, ar. Metz-C., c. Verny, 🚉 Novéant, 7 k.

LORRY-LES-METZ (*Lorringen*), 673 h. ⊠. Moselle, ar. c. Metz-C., Wolppy, 3 k.

LOSTROFF (*Lorsdorf*), 113 h. Moselle, ar. Château-Salins, c. Albestroff, ⊠ Londrefing, 3 k.

LOUDREFANG (*Lauterfangen*), 203 h. Moselle, ar. Boulay, c. Faulquemont, ⊠ Teting, 3 k.

LOUDREFING ou LOUTREFING (*Lanterfingen*), 528 h. ⊠. Moselle, ar. Château-Salins, c. Albestroff.

LOUISENTHALER (*Glashutte*), ⊠ tram. c^e de Puttlingen, Sarre.

LOUPERSHAUSEN (*Lupershausen*), 546 h. Moselle, ar. c. Sarreguemines, ⊠ Farschwiller, 1 k.

LOUTREFING, *V.* LOUDREFING ET LOUDREFANG.

LOUTREMANGE (*Lantermingen*), 88 h. Moselle, ar. c. Boulay, ⊠ Condé-Northen, Volmerange, 1 k.

LOUTZWILLER (*Lutzweiler*), 305 h. Moselle, ar. Sarreguemines, c. ⊠ de Volmunster, Bitche, 16 k.

LOUVIGNY (*Loveningen*), 647 h. ⊠, Moselle, ar. Metz-C., c. Verny.

LOYVILLE, c^e de Sillegny, Moselle.

LUBÉCOURT (*Lubenhofen*), 162 h. Moselle, ar. c. ⊠ Château-Salins, 2 k. 5.

LUBELN, *V.* LONGEVILLE-LES-St-AVOLD.

LUBENHOFEN, *V.* LUBÉCOURT.

LUCELLE (*Lutzel*), 118 h. H.-Rhin, ar. Altkirch, c. Ferrette, 12 k. ⊠ Winckel.

LUCY, 366 h. ⊠. Moselle, Moselle, ar. Château-Salins, c. Delme, Baudrecourt, 4 k.

LUDELANGE (*Ludelingen*), c^e de Tressange, Moselle.

LUDWEILER, 1675 h. ⊠ tram. Sarre, ar. Sarrebrück, ch.-l. c.

LUDWEILERZIEGELHUTTE, 26 h. c^e de Ludweiler, Sarre.

LUDWIGFESTE, *V.* FORT-LOUIS.

LUDWIGSBERG, 174 h. dép. de Malstatt-Burbach, incorporé à Sarrebrück, Sarre.

LUDWIGSTHAL, 386 h. ⊠ c^e de Mittelbexbach, Sarre.

LUEMSCHWILLER (*Lümsschweiler*), 634 h. H.-Rhin, ar. c. Altkirch, ⊠ Illfurth Tagolsheim, 1 k. 9.

LUFFENDORF, *V.* LÉVONCOURT.

LUISENTHAL, *V.* LOUISENTHAL.

LUMMERSCHIED, 267 h. Sarre, ar. Sarrebrück, c. ⊠ Heusweiler, 7 k.

LUMSCHWEILER, *V.* LUEMSCHWILLER.

LUMPERBERG (*Gérardgrube*), 23 h. c^e de Fürstenhausen, Sarre

LUPERSHAUSEN, *V.* LOUPERSHAUSEN.

LUPPY (*Luppingen*), 525 h. ⊠. Moselle, ar. Metz-C., c. Pange, Remilly, 7 k.

LUPSTEIN, 669 h. B.-Rhin, ar. c. Saverne, ⊠ Dettwiller, 3 k.

LUTRAN (*Luttern*), 118 h. H.-Rhin, ar. Altkirch, c. Dannemarie, ⊠ Montreux-Vieux, Valdieu, 1 k.

LUTTANGE (*Luttingen*), 409 h. ⊠. Moselle, ar. Thionville-Est, c. Metzerwisse, Kédange, 5 k.

LUTTENBACH, 946 h. H.-Rhin, ar. Colmar, c. ⊠ Munster.

LUTTER, 296 h. H.-Rhin, ar. Altkirch, c. Ferrette, ⊠ Wolschwiller, Werentzhouse, 8 k.

LUTTERBACH, 3053 h. ⊠. H.-Rhin, ar. c. Mulhouse.

LUTTERN, *V.* LUTRAN.

LUTTINGEN, *V.* LUTTANGE.

LUTZEL, *V.* LUCELLE.

LUTZELBOURG, 692 h. ⊠. Moselle, ar. Sarrebourg, c. Phalsbourg.

LUTZELHOUSE (*Lutzelhausen*), 1189 h. ⊠. B.-Rhin. ar. c. Molsheim.

LUTZELSTEIN, *V.* PETITE PIERRE (LA).

LUTZWEILER, *V.* LOUTZWILLER.

LUXDORF, *V.* LIGSDORFF.

LUXOR (LE), c^e de MULHOUSE, H.-Rhin.

M

MACHER, cᵉ de Helstroff, Moselle.
MACHERBACH, 81 h. Sarre, ar. Ottweiler, c. Eppelborn, 2 k.
MACHEREN (*Machern*), 625 h. Moselle, ar. Forbach, c. St-Avold, Hombourg-Haut, 3 k.
MACHEREN, V. MAIZIÈRES-LES-METZ.
MACHERICH, V. MAIZEROY.
MACHERINGEN, V. MAIZERY.
MACHERN-b/-WICH, V. MAIZIÈRES-LES-VIC.
MACKENHEIM, 787 h. tram. B.-Rhin, ar. Schlestadt, c. Marckolsheim.
MACKENHOFEN, cᵉ de Yutz-Basse, Moselle.
MACKWILLER, 853 h. B.-Rhin, ar. Saverne, c. Drulingen, Diemeringen, 3 k.
MAENNOLSHEIM (*Mannolsheim*), 159 h. B.-Rhin ar. c. Saverne, Marmoutier, 7 k. 5.
MAGNY (*Menglatt*), 168 h. H.-Rhin, ar. Altkirch, c. Dannemarie, Montreux-Vieux, 3 k. 2.
MAGNY-s.-SEILLE (*Manningen*), 977 h. Moselle, ar. c. Metz-C., c. Verny.
MAGSTADT, V. MAXSTADT.
MAGSTATT-LE-BAS (*Niedermagstatt*), 244 h. H.-Rhin, ar. Mulhouse, c. Landser, Sierentz, 6 k. 1.
MAGSTATT-LE-HAUT (*Obermagstatt*), 389 h. H.-Rhin, ar. Mulhouse, c. Landser, Sierentz, 6 k. 1.
MAIEN, V. MÉY.
MAIN-du-PRINCE (LA), cᵉ de Bitche, Moselle.
MAINVILLERS (*Maiweiler*), 264 h. Moselle, ar. Boulay, c. Faulquemont.
MAINZWEILER, 616 h. Sarre, ar. c. St-Wendel, Ottweiler, 3 k.
MAISON-NEUVE, cᵉ de Rozérieulles, Moselle.
MAISON-NEUVE, cᵉ de la Broque, B.-Rhin.
MAISON-NEUVE, cᵉ de Woippy, Moselle.
MAIWEILER, V. MAINVILLERS.
MAIZEROY (*Macherich*), 330 h. Moselle, ar. Boulay, c. Pange, 3 k. Courcelles-Chaussy, 3 k.
MAIZERY (*Macheringen*), 53 h. Moselle, ar. Metz-C., Pange, 3 k. 5.
MAIZIÈRES-LES-METZ (*Macheren*), 3118 h. Moselle, ar. c. Metz-C.,
MAIZIÈRES-LES-VIC (*Machern-b/-Wich*), 750 h. Moselle, ar. Château-Salins, c. Vic, Azouzange, 1 k. 7.
MALADRIE, cᵉ de Hoff, Moselle.
MALANCOURT (*Malandshofen*), 478 h. Moselle, ar. c. Metz-C., Roncourt, Amanvilliers, 7 k.
MAULAUCOURT (*Mallhofen*), 216 h. Moselle, ar. Château-Salins, c. Delme, 6 k. Jallaucourt.
MALGRINGEN, cᵉ de Thionville, Moselle.
MALLHOFEN, V. MALANCOURT.
MALLING, 368 h. Moselle, ar. Thionville-Est, c. Sierck.
MALMAISON, Cᵉ de Vernéville, Moselle.
MALMERSPACH, 787 h. H.-Rhin, ar. Thann, c. St-Amarin, 1 k. 5.
MALROY (*Malrich*), 173 h. Moselle, ar. Metz-C., c. Vigy, Antilly, Failly, 6 k.
MALSTATT-BURBACH, 23677 h. incorporé à Sarrebrück, Sarre.
MAMBACH, cᵉ de Philippsbourg, Moselle.
MANDEREN ou MANDREN (*Mandern*), 502 h. Moselle, ar. Thionville-Est, c. Sierck, 7 k. 5.
MANGELHAUSEN, 143 h. cᵉ de Wiesbach, Sarre.
MANHOUÉ (*Mannwald*). 199 h. Moselle, ar. c. Châ-

teau-Salins, c. Fresnes-en-Saulnois, 8 k.

MANNINGEN, V. MAGNY.

MANNOLSHEIM, V. MAENNOLSHEIM.

MANOM ou MANON (*Monhofen*), 1402 h. Moselle, ar. c. Thionville-Est, 2 k. St-François.

MANSBACH, V. MANSPACH.

MANSPACH-St-LÉGER, 395 h. H.-Rhin, ar. Altkirch, c. Dannemarie, 2 k. 1.

MANY (*Niederum*), 245 h. Moselle, ar. Boulay, c. Faulquemont, Mainviller, Herny, 3 k. 5.

MARANGE-SILVANGE (*Mohringen-Silvingen*), 1451 h. Moselle, ar. c. Metz-C., Maizières-les-Metz, 4 k.

MARANGE-ZONDRANGE (*Mohringen-Zondringen*), 318 h. Moselle, ar. Boulay, c. Faulquemont, Blonville, Courcelles, 12 k.

MARBACH, 32 h. ce de Merzig, Sarre.

MARBACH, ce d'Obermorschwiller, H.-Rhin.

MARCKOLSHEIM (*Markolsheim*), 2113 h. tram. B.-Rhin, ar. Schlestadt, ch.-l. c. 454 k. Paris.

MARDIGNY, V. LORRY-MARDIGNY.

MARIENTHAL, ce de Barst, Moselle.

MARIENTHAL, ce de Griès, B.-Rhin.

MARIENTHAL, ce de Haguenau, B.-Rhin.

MARIENTHAL, ce de St-Ingbert Sarre, V. SCHNAPPACH.

MARIEULLES (*Mariellen*), 502 h. Moselle, ar. Metz-C., c. Verny, Novéant-Corny 8 k.

MARIMONT (*Morsberg*), 121 h. Moselle, ar. Château-Salins, c. Albestroff, Benestroff, Nebing, 2 k.

MARKIRCH, V. Ste-Marie-aux-Mines, H.-Rhin.

MARKOLSHEIM, V. MARCKOLSHEIM.

MARKWEILER, V. MARCKWILLER.

MARLEIEN, V. MARLY.

MARLENHEIM, 1458 h. tram. B.-Rhin, ar. Molsheim, c. Wasselonne.

MARLY (*Marleien*), 1229 h. Moselle, ar. Metz-C., c. Verny.

MARMOUTIER (*Maursmunster*), 1781 h. B.-Rhin, ar. Saverne, c. Marmoutier.

MARPINGEN, 1822 h. Sarre, ar. St-Wendel, c. Alsweiler, Dirmingen, 5 k.

MARQUIS (LE), ce de Turquestein, Moselle.

MARSAL, 585 h. Moselle, ar. Château-Salins, c. Vic, 4 k.

MARSILLY (*Marzellingen*), 73 h. Moselle, ar. Metz-C., Pange, 4 k.

MARSPICH, 1019 h. Moselle, ar. Thionville-Ouest, c. Hayange, 1 k. 5.

MARTHIL, 318 h. Moselle, ar. Château-Salins, c. Delme, Brulange, 6 k.

MARTINET (LE), ce de Kaysersberg, H.-Rhin.

MARTINSHOHE, 1002 h. Sarre, ar. Homburg, 13 k.

MARXHAUSEN, ce de Haguenau, B.-Rin.

MARZELLINGEN, V. MARSILLY.

MASCH, V. MAXE.

MASMUNSTER, V. MASSEVAUX.

MASSEVAUX ou MASEVAUX, 3657 h. H.-Rhin, ar. Thann, ch.-l. c. 459 k. Paris.

MATTSTALL, 209 h. B.-Rhin, ar. Wissembourg, c. Woerth-s.-Sauer, Langensoultzbach.

MATZENHEIM, 948 h. B.-Rhin, ar. Erstein, c. Benfeld.

MAURSMUNSTER, V. MARMOUTIER.

MAXE (ou LA) (*Masch*), 363 h. Moselle, ar. c. Metz-C., Woippy, 9 k.

MAXSTADT ou MAXSTATT (*Magstadt*), 345 h. Moselle, ar. Forbach, c. Gros-Tenquin, St-Avold, 9 k.

MAYBACH, 68 h. ce de Friedrichsthal, Sarre.

MAZAGRAN, cᵉ de Sᵗᵉ-Barbe, Moselle.
MECHERN (*Mecheren*), 376 h. Sarre, ar. Merzig, 4 k. 5, c. ⊠ Hilbringen, 3 k.
MÉCHY, cᵉ de Sanry-les-Vigy, Moselle.
MÉCLEUVES (*Mekleven*), 362 h. Moselle, ar. Metz-C., c. Verny, ⊠ Peltre, 6 k. et Courcelles-s.-Nied, 4 k. 5.
MEDELSHEIM, 525 h. ⊠ Sarre, ar. c. Deux-Ponts, 15 k. 5, ou Gersheim, 5 k.
MEDEWICH, *V.* MOYENVIC.
MEERKATZ, 30 h. cᵉ de Püttlingen, Sarre.
MÉGANGE (*Mengen*), 221 h. Moselle, ar. c. Boulay, ⊠ Gommelange, Piblange, 4 k.
MEIENHEIM, *V.* MEYENHEIM.
MEISENTHAL (*Meysenthal*), 967 h. ⊠ Moselle, ar. Sarreguemines, c. Bitche.
MEISSENGOTT (*Meisengott*), 954 h. ⊠ B.-Rhin, ar. Schlestadt, c. Villé, 3 k. 4.
MEISTRATZHEIM, 1239 h. ⊠ B.-Rhin, ar. Erstein, c. Obernai, 4 k.
MEKLEWEN, *V.* MÉCLEUVES.
MELCH, cᵉ de Ripertswiller, B.-Rhin.
MELSHEIM, 503 h. B.-Rhin, ar. Strasbourg-C., c. Hochfelden, ⊠ Wilwisheim 1 k.
MEMELSHOFFEN ou MEMMELSHOFFEN, 304 h. B.-Rhin, ar. Wissembourg, c. ⊠ Soultz-s.-Forêts, 3 k. 5.
MEMERSBRONN, *V.* NARBÉFONTAINE.
MENCHEN, cᵉ de Bettlainville, Moselle.
MENCHHOFFEN, 343 h. B.-Rhin, ar. Saverne, c. Bouxwiller, ⊠ Ingwiller.
MENGEN, *V.* MÉGANGE.
MENGLATT, *V.* MAGNY.
MENGLATT, *V.* MAGNY.
MEMMELSHOFFEN, *V.* MEMELSHOFFEN.
MENNINGEN, 307 h. Sarre, ar. c. ⊠ Merzig, Fremersdorf, 1 k.
MENSKIRCH, cᵉ de Dalstein, Moselle.
MERCHINGEN, 671 h. Sarre, ar. Merzig, 3 k. c. ⊠ Haustadt, 5 k.
MERCHWEILER, 3632 h. ⊠ Sarre, ar. Ottweiler, c. Uchtelfangen et Illingen, 2 k. *V.* MERSCHWILLER
MERCHWEILER-GRUBE, 39 h. cᵉ Wemmetsweiler, Sarre.
MERCY-LES-METZ, cᵉ de Ars-Laquenexy, Moselle.
MERKWILLER, 472 h. ⊠ B.-Rhin, ar. Wissembourg, c. Soultz-s.-Forêts, Surbourg, et Hoelschloch, 2 k.
MERLEBACH (*Merlenbach*), 3773 h. ⊠ Moselle, ar. c. Forbach et Béning, 3 k.
MERSCHWEILLER (*Merschweiler*), 336 h. Moselle, ar. Thionville-Est, c. Sierck, 6 k. ⊠ Manderen.
MERTEN, 842 h. Moselle, ar. Boulay, c. Bouzonville, ⊠ Ueberherrn, 4 k.
MERTZEN (*Merzen*), 201 h. H.-Rhin, ar. Altkirch, c. Hirsingue, ⊠ Ballersdorff, 4 k.
MERTZWILLER (*Merzweiler*), 2136 h. ⊠ B.-Rhin, ar. Haguenau, c. Niederbronn.
MERXHEIM, 775 h. ⊠ H.-Rhin, ar. Guebwiller, c. Soultz.
MERZIG, 5778 h. ⊠ Sarre, ch.-l. ar. c. Lignes Merzig-Büschfeld et Sarrebrück-Trèves
MERZWEILER, *V.* MERTZWILLER.
MÉTAIRIES-DE-Sᵗ-QUIRIN (*Quirinsweiler*), 250 h. Moselle, ar. Sarrebourg, c. Lorquin, ⊠ Niederhof, Barville-Bas, 4 k.
MÉTRICH, cᵉ de Koenigsmacher, Moselle.
METRINGEN, cᵉ de Téting, Moselle.
METTING, 388 h. ⊠ Moselle, ar. Sarrebourg, c. Phalsbourg, Graufthal, 3 k. ou Berlingen, 3 k.
METTLACH, 1468 h. ⊠ Sarre, ar. Merzig, ch.-l. c.

METZ, 68598 h. tram. ch.-l. du dépt de la Moselle, (3 cantons). Lignes de Amanvillers - Anzeling - Dillingen - Château - Salins - Luxembourg - Novéant - Sarrebrück - Sarrebourg - Strasbourg - Téterchen-Sarreguemines, à 315 k. de Paris.

METZ-SABLON, 12000 h. dép. de Metz, Moselle.

METZERAL 1326 h. H.-Rhin, ar. Colmar, c. Munster.

METZERESCHE, 436 h. Moselle, ar. Thionville-Est, c. Metzerwisse, Kédange, 2 k.

METZERWISSE, 777 h. Moselle, ar. Thionville-Est, ch.-l. c. 350 k. Paris.

METZING, ce de Riche, Moselle.

METZING, 339 h. Moselle, ar. c. Forbach, Dibling, Hundling, 1 k. 6.

METZINGEN, ce de Volkrange, Moselle.

MÉY (*Maien*), 114 h. Moselle, ar. c. Metz-C., Vallières, Vantoux-Vallières, 3 k.

MEYENHEIM (*Meienheim*), 591 h. tram. H.-Rhin, ar. Guebwiller, c. Ensisheim, 5 k. Reguisheim.

MEYSENTHAL, V. MEISENTHAL.

MICHELBACH, 162 h. H.-Rhin, ar. c. Thann, Aspach-le-Bas, Aspach, 3 k.

MICHELBACH-LE-BAS (*Niedermichelbach*), 266 h. tram. H.-Rhin, ar. Mulhouse, c. Huningue, Blotzheim, 15 k.

MICHELBACH-LE-HAUT (*Obermichelbach*), 374 h. H.-Rhin, ar. Mulhouse, c. Huningue, Folgensbourg et Blotzheim ou St-Louis, 9 k.

MICHELBRUNN, V. GRANDFONTAINE.

MICHELSBERG, 1001 h. ce Wemmetsweiler, Sarre.

MIETESHEIM, 667 h. B.-Rhin, ar. Haguenau, c. Niederbronn.

MILZINGEN, V. MULCEY.

MIMBACH, 588 h. Sarre, ar. c. Deux-Ponts, Blieskastel, 1 k.

MINE (LA), ce de Vic-s.-Seille, Moselle.

MINIERES-s.-MATHISKOPF, ce de Grandfontaine, B.-Rhin.

MINVERSHEIM, 703 h. B.-Rhin, ar. Strasbourg-C., c. Hochfelden, Alteckendorf, 1 k. 5.

MITSCHDORFF, 175 h. B.-Rhin, ar. Wissembourg, c. Woerth-s.-Sauer, 4 k. Goersdorf.

MITTELBERGHEIM, 677 h. B.-Rhin, ar. Schlestadt, c. de Barr, 1 k. 5.

MITTELBEXBACH, 5018 h. Sarre, ar. Homburg, c. Waldmohr.

MITTELBRONN, 603 h. Moselle, ar. Sarrebourg, c. Phalsbourg, 1 k. 5.

MITTELHAUSBERGEN, 320 h. B.-Rhin, ar. Strasbourg-C., c. Schiltigheim, tram. Oberhausbergen, 1 k. 5.

MITTELHAUSEN, 620 h. B.-Rhin, ar. Strasbougr-C., Hochfelden, 5 k. et Stephansfeld.

MITTELMUESPACH (*Mittlemüspach*), 299 h. H.-Rhin, ar. Altkirch, c. Ferrette, Waldighoffen, 5 k. 6.

MITTELSCHAEFFOLSHEIM, 280 h. B.-Rhin, ar. Strasbourg-C., c. Brumath, 6 k. Mittelhausen et halte Stephansfeld, 4 k.

MITTELWIHR (*Mittelweier*), 690 h. H.-Rhin, ar. Ribeauvillé, c. Kaysersberg, Bennwihr-Mittelwihr, 4 k.

MITTERSHEIM, 721 h. Moselle, ar. Sarrebourg, c. Fénétrange et Loudrefing, 4 k.

MITTLACH, 580 h. H.-Rhin, ar. Colmar, c. Metzeral.

MITZACH, 485 h. H.-Rhin, ar. Thann, c. St-Amarin, Wesserling, 2 k. et St-Amarin, 2 k. 4.

MODENHEIM, tram. ce d'Illazch, H.-Rhin.

MOERNACH (*Mornach*), 444 h. H.-Rhin, ar. Altkirch, c. ⊠ Ferrette, 4 k.
MOHRANGE, *V.* MORHANGE.
MOHRINGEN-SILVINGEN, *V.* MARANGE-SILVANGE.
MOHRINGEN - ZONDRINGEN *V.* MARANGE-ZONDRANGE.
MOLLAU, 677 h. H.-Rhin, ar. Thann, c. St-Amarin. ⊠ Wesserling, 2 k. 6.
MOLLKIRCH, 594 h. B.-Rhin, ar. Molsheim, c. Rosheim, ⊠ Heiligenberg, 2 k. 5.
MOLRING, 52 h. Moselle, ar. Château-Salins, c. Albestroff, ⊠ Nebing 2 k.
MOLSHEIM, 3163 h. ⊠. B.-Rhin, ch.-l. ar. c. 443 k. Paris.
MOLVANGE (*Molvingen*), ce d'Escherange, Moselle.
MOMBRONN, *V.* MONTBRONN.
MOMESTROFF ou MOMERSTROFF (*Momersdorf*), 245 h. Moselle, ar. c. ⊠ Boulay, 5 k.
MOMMENHEIM, 1150 h. ⊠. B.-Rhin, ar. Strasbourg-C., c. Brumath.
MONCHEUX (LA GRANDE) (*Monchern*), 150 h. Moselle, ar. Metz-C., c. Verny, ⊠ Liocourt, 3 k.
MONCOURT (*Monhofen-l-Lothr*), 209 h. ar. Château-Salins, c. Vic, 14 k. ⊠ Lezey.
MONDELANGE (*Mondelingen*), ce de Richemont, Moselle.
MONDORF, 442 h. ⊠. Sarre, ar. Merzig, c. Hilbringen.
MONDORFF ou MONDROFF, 130 h. Moselle, ar. Thionville-Est, c. Cattenom, ⊠ Puttelange-les-Rodemak.
MONEREN, *V.* MONNEREN.
MONHOFEN, *V.* MANON.
MONHOFEN-I-LOTHRINGEN, *V.* MONCOURT.
MONNEREN, 484 h. ⊠. Moselle, ar. Thionville-Est, c. Metzerwisse et Kédange, 8 k.
MONSWILLER, 1451 h. B.-Rhin, ar. c. ⊠ Saverne, 3 k.
MONT, ce de Pange, Moselle.
MONTAGNE-VERTE (LA), ce de Strasbourg, B.-Rhin.
MONT-DES-OLIVES, ce de Réning, Moselle.
MONTBRONN (*Mombronn*), 1757 h. ⊠. Moselle, ar. Sarreguemines, c. Rohrbach, St-Louis-Munzthal, 3 k.
MONTCOURT, *V.* MONCOURT.
MONTDIDIER (*Diedersberg*), 92 h. Moselle, ar. Château-Salins, ⊠ Albestroff, Nebing, 3 k.
MONTENACH, 482 h. Moselle, ar. Thionville-Est, c. Sierck, 3 k. 5.
MONTERCHEN, *V.* MONTRÉQUIENNE.
MONTIGNY-LES-METZ (*Monteningen*), 14107 h. ⊠. Moselle, ar. c. Metz-C., 1 k.
MONTOIS-LA-MONTAGNE (*Montingen*), 1662 h. ⊠ Moselle, ar. c. Metz-C., Amanviller, 7 k.
MONTOY (*Montingen*), 275 h. Moselle, ar. Metz-C., c. Pange, ⊠ Noisseville, Nouilly, 2 k. 5.
MONTRÉQUIENNE, ce de Rurange, Moselle.
MONTREUX-JEUNE (*Jung-Münsterol*), 341 h. H.-Rhin, ar. Altkirch, c. Dannemarie, ⊠ Montreux-Vieux.
MONTREUX-VIEUX (*Alt-Munsterol*), 975 h. ⊠ H.-Rhin, ar. Altkirch, c. Dannemarie.
MOOS, 281 h. H.-Rhin, ar. Altkirch, c. Ferrette, 8 k. ⊠ Bisel.
MOOSCH, 2284 h. ⊠. H.-Rhin, ar. Thann, c. St-Amarin.
MORANGE, *V.* MARANGE.
MORBACH ou MARBACH, ce Obermorschwihr, H.-Rhin.
MORCHINGEN, *V.* MORHANGE.
MORGENSTERN (*Derlener-Stock*), 34 h. ce de Derlen, Sarre.
MORHANGE (*Mörchingen*), 6966 h. ⊠. Moselle, ar. Forbach, c. Gros-Tenquin.

MORLANGE (*Morlingen*), c^e de Bionville, Moselle.
MORLINGEN, c^e de Fameck, Moselle.
MORNACH, *V.* MOERNACH.
MORSBACH, 1110 h. Moselle, ar. c. Forbach, 4 k.
MORSBERG, *V.* MARIMONT.
MORSBRONN, 517 h. B.-Rhin, ar. Wissembourg, c. Woerth-s.-Sauer, Durrenbach.
MORSBRONN, c^e de Hilsprich, Moselle.
MORSCHWILLER, 571 h. B.-Rhin, ar. c. Haguenau, Ettendorff, Pfaffenhoffen, 4 k. 5.
MORSHEIM, *V.* MORVILLE-LES-VIC.
MORTZWILLER (*Morzweiler*), 186 h. H.-Rhin, ar. Thann, c. Massevaux, Sentheim, 2 k. 5.
MORVILLE-LES-VIC (*Morsheim*), 291 h. Moselle, ar. c. Château-Salins, 3 k.
MORVILLE-s.-NIED (*Morsweiler-a-Nied*), 281 h. Moselle, ar. Château-Salins, c. Delme, Baudrecourt, 2 k. 9.
MORZWEILER, *V.* MORTZWILLER.
MOSBACH, *V.* MOOSCH.
MOTHEREN (*Mothern*), 1295 h. B.-Rhin, ar. Wissembourg, c. Seltz.
MOULINS-LES-METZ (*Mühlen-b/-Metz*), 998 h. Moselle, ar. c. Metz-C.,
MOULIN-NEUF (LE), c^e de Grandange, Moselle.
MOUSSEY (*Mulsach*), 368 h. Moselle, ar. Sarrebourg, c. Réchicourt-le-Château, Avricourt.
MOUTERHAUSEN (*Mullerhausen*), 833 h. Moselle, ar. Sarreguemines, c. Bitche, Bannstein, 6 k.
MOYENVIC (*Medewich*), 578 h. Moselle, ar. Château-Salins, c. Vic, 2 k. 5.
MOYEUVRE-GRANDE (*Gross-Mövern*), 9555 h. Moselle, ar. Thionville-Ouest, ch.-l. c.
MOYEUVRE-PETITE (*Klein-Möveln*), 445 h. Moselle, ar. Thionville-Ouest, c. Moyeuvre-Grande, 3 k.
MUD, *V.* LEMUD.
MUELBACH, *V.* MUHLBACH.
MUHLBACH, 608 h. B.-Rhin, ar. Molsheim, c. Rosheim, Lutzelhausen, 1 k.
MUHLBACH, 1140 h. H.-Rhin, ar. Colmar, c. Munster.
MUHLBACH, 69 h. c^e de Schifweiler, Sarre.
MUHLHAUSEN, 530 h. B.-Rhin, ar. Saverne, c. Bouxwiller, Pfaffenhoffen, 6 k.
MUHLEN-b-METZ, *V.* MOULINS-LES-METZ.
MULCEY (*Milzingen*), 323 h. Moselle, ar. Château-Salins, c. Dieuze, 4 k.
MULES, c^e de la Baroche, H.-Rhin.
MULHOUSE (*Mülhausen*), 105488 h. (avec Dornach), ch.-l. d'ar. et de c. (Lignes Bâle-Ferrette-Krut-Montreux-Mullheim-Paris Strasbourg-Wesserling-Wittenheim et tram.
MULSACH, *V.* MOUSSEY.
MUNCHHAUSEN, 559 h. B.-Rhin, ar. Wissembourg, c. Seltz, Motheren, 1 k. 5.
MUNCHHAUSEN ou MUNKHAUSEN, 849 h. H.-Rhin, ar. Guebwiller, c. Ensisheim, Rouffach, 8 k.
MUNCHWIES, 672 h. Sarre, ar. c. Ottweiler, 7 k.
MUNDOLSHEIM, 740 h. H.-Rhin, ar. Strasbourg-C., c. Schiltihgeim.
MUNSTER, 428 h. Moselle, ar. Château-Salins, c. Albestroff, Insmingen, 6 k. et Léming, 8 k.
MUNSTER, 5974 h. H.-Rhin, ar. Colmar, ch.-l. c. 456 k. Paris.
MUNTZENHEIM (*Munzenheim*), 426 h. H.-Rhin, ar. Colmar, c. Andolsheim.
MUNTZHALER, *V.* MUNZTHALER.
MUNWILLER, 331 h. H.-Rhin, ar. Guebwiller,

c. Ensisheim, ⊠ Oberentzen.

MUNZENHEIM, *V.* MUNTZENHEIM.

MUNZTHAL, *V.* St-Louis.

MUNZTHALER, ce de Lemberg, Moselle.

MURBACH, 271 h. H.-Rhin, ar. c. Guebwiller, ⊠ Buhl, 2 k.

MUSAU, . ce de Strasbourg, H.-Rhin.

MUSAU, ce de Haguenau, B.-Rhin.

MUSLOCH, ce de Liepvre, H.-Rhin.

MUSSIG, 976 h. ⊠ B.-Rhin, ar. Schlestadt, 9 k. c. Marckolsheim.

MUSSY-L'ÉVÊQUE, ce de Charleville, Moselle.

MUTTERHAUSEN, *V.* MOUTERHAUSEN.

MUTTERSHOLTZ, 1871 h. ⊠ . B.-Rhin, ar. Schlestadt, c. Marckolsheim, 7 k.

MUTZENHAUSEN, 281 h. B.-Rhin. ar. Strasbourg-C., c. Hochfelden, ⊠ Schwindratzheim.

MUTZIG, 3362 h. ⊠ . B.-Rhin, ar. c. Molsheim.

N

NALBACH, 1401 h. ⊠ tram. Sarre, ar. Sarrelouis, ch.-l. c.

NAMBORN, 628 h. ⊠ . Sarre, ar. St-Wendel, c. Oberkirchen.

NAMBSHEIM, 355 h. H.-Rhin, ar. Colmar, c. Neuf-Brisac, 12 k. ⊠ Fessenheim.

NANGIGOUTTE, ce de l'Allemand-Rombas, H.-Rhin.

NAPOLÉONINSEL, *V.* ILE-NAPOLÉON.

NARBEFONTAINE (*Memersbronn*), 171 h. Moselle, ar. c. Boulay, 8 k. ⊠ Boucheporn.

NASSWEILER, 430 h. Sarre, ar. Sarrebrück, c. Ludweiler, ⊠ Carsbrunn, Merlenbach, 1 k.

NATZWILLER, 977 h. ⊠ . B.-Rhin, ar. Molsheim, c. Schirmeck, Rothau, 4 k. 2.

NÉBING, 319 h. ⊠ . Moselle, ar. Château-Salins, c. Albestroff.

NÉDELANGE, ce d'Aboncourt, Moselle.

NECHWILLER ou NEEHWILLER (*Nehweiler-b-Worth*), 351 h. . B.-Rhin, ar. Wissembourg, c. Woerth-s.-Sauer, 5 k. ⊠ Froeschwiller et Reischhoffen, 5 k.

NEEWILLER (*Neeweiler-b-Lauterburg*), 525 h. . B.-Rhin, ar. Wissembourg, c. Lauterbourg, ⊠ Niederlauterbach, Motheren, 2 k. et Scheibenhard, 3 k.

NEIPEL, 149 h. Sarre, ar. Ottweiler, c. Tholey, ⊠ Theley, Limbach, 2 k. 5.

NELLING, 316 h. Moselle, ar. Forbach, c. Sarralbe, ⊠ Insming, 1 k.

NETZENBACH, ce de Lutzelhausen, B.-Rhin.

NETZENBACH, ce de Walscheid, Moselle.

NEUALTHEIM, 198 h. Sarre, ar. Deux-Ponts, 12 k. ⊠ Altheim.

NEUBOIS (*Gereulh, Greilh, Krill*), 591 h. . 2 k. B.-Rhin, ar. Schlestadt, c. Villé, ⊠ Thanvillé.

NEUBOURG, . ce de Dauendorf, B.-Rhin.

NEU-BREISACH, *V.* NEUF-BRISACH.

NEUBURG-im-LOTHRINGEN, *V.* NOVÉANT.

NEUDELANGE ou NEDELANGE, ce d'Aboncourt, Moselle.

NEUDORF, 912 h. tram. ce de Püttlingen, Sarre.

NEUDORF, ce de Bibiche, Moselle.

NEUDORF, ⊠ , banlieue de Strasbourg, B.-Rhin.

NEUDORF-NEUDORFEL, *V.* VILLAGE NEUF et NEUF-VILLAGE.

NEUDORFEL, ce de Dambach, B.-Rhin.

NEUDORFEL, ce de Haspelscheid, Moselle.

NEUENDORF-LES-LORCHINGEN, V. LANEUVILLE-LES-LORQUIN.
NEUF-BRISACH, 2809 h. ⊠ ‡ ☎ 🚂. H.-Rhin, ar. Colmar, ch.-l. c. 465 k. Paris.
NEUFCHEF (*Neunhaüser*), 814 h ‡ ☎. Moselle, ar. Thionville-Ouest, c. ⊠ 🚂 Hayange, 4 k.
NEUFECHINGIN, 115 h. ce de Fechingen, Sarre.
NEUF-GRANGE (*Neuscheuern*), 631 h. ‡ ☎ 🚂. Moselle, ar. c. Sarreguemines, ⊠ Hambach.
NEUF-MOULINS (*Neumühlen*), 46 h. Moselle, ar. Sarrebourg, c. Lorquin, ⊠ ‡ ☎ 🚂 Heming, 1 k. 3.
NEUFORWEILER, 570 h. ☎. Sarre, ar. Sarrelouis, c. ⊠ ‡ Berus, 🚂 Lisdorf, 3 k.
NEUF-VILLAGE (*Neudörf* et *Neudorfel*), 88 h. Moselle, ar. Château-Salins, c. Albestroff, ⊠ ‡ ☎ 🚂 Benestroff, 4 k.
NEUGARTHEIM, 213 h. ‡ ☎. B.-Rhin, ar. Strasbourg-C., c. Truchtersheim, ⊠ Willgotheim tram. Schnersheim, 5 k.
NEUGLASHUTTE (*Glashutte-Sophie*), ce de Stiring-Wendel, Moselle.
NEUHAEUSEL (*Neuhaüsel*), 245 h. B.-Rhin, ar. Haguenau, c. Bischwiller, ⊠ ‡ ☎ Roppenheim, 🚂 Roeschwoog, 3 k. 7.
NEUHAUSEL, 442 h. ce ⊠ ‡ ☎ 🚂 de Kirkel, Sarre.
NEUHAUSEN, ce de Goldbach, H.-Rhin.
NEUHAUSER, V. NEUFCHEF.
NEUHEIM-im-LOTHRINGEN, V. LANEUVEVILLE-EN-SAULNOIS.
NEUHOF, ⊠ ‡ ☎. ce de Strasbourg, B.-Rhin.
NEUHUTTE, ce de Wingen, B.-Rhin.
NEUKIRCH, V. NEUVE-EGLISE.
NEUMELKEREI, ce de Hohwald, B.-Rhin.
NEUMUHLE, ce de Macheren, Moselle.
MEUMUHLEN, V. NEUF-MOULINS.
NEUMUNSTER, 1020 h. ce de Ottweiler, Sarre.
NEUNHAUSER, V. NEUFCHEF.
NEUNHOFEN, ce de Dambach, B.-Rhin.
NEUNKIRCHEN-LES-SARREGUEMINES, 2033 h. ⊠ ‡ ☎. Moselle, ar. c. 🚂 Sarreguemines et 🚂 Folspetwiller, 2 k.
NEUNKIRCHEN, 272 h. ⊠ ‡ ☎. Moselle, ar. Boulay, c. Bouzonville, 🚂 Guerstling, 4 k.
NEUNKIRCHEN, 22674 h. ⊠ ‡ ☎ 🚂 tram. Sarre, ar. Ottweiler, ch.-l. c.
NEUNKIRCHER-ZIEGELHUTTE, 26 h. ce Neunkirchen, Sarre.
NEUNKIRCHERHOF, 141 h. ce de Niederneunkirchen, Sarre.
NEUSCHEUERN, V. NEUF-GRANGE.
NEU-SCHMELTZ, ce de Mouterhausen, Moselle.
NEU-SCHEMERICH, ce de Chemery, Moselle.
NEUVE-EGLISE (*Neukirch*), 647 h. B.-Rhin, ar. Schlestadt, c. Villé, ⊠ ‡ ☎ 🚂 Triembach, 1 k. 5.
NEUVEVILLE, V. LANEUVEVILLE.
NEUWEILER, 613 h. ce 🚂 de Sulzbach, 1 k. 5, Sarre.
NEUWEY-STUTZ, ce de Bartenheim, H.-Rhin.
NEUWILLER-LA-ROCHE (*Neuweiler*), 613 h. B.-Rhin, ar. Molsheim, c. Schismeck, ⊠ ‡ ☎ 🚂 Rothau, 4 k. 3.
NEUWILLER, 1321 h. ⊠ ‡ ☎ 🚂, B.-Rhin, ar. Saverne, c. La Petite-Pierre.
NEUWILLER, 461 h. ‡ ☎. H.-Rhin, ar. Mulhouse, c. Huningue, ⊠ Hagenthal-le-Bas, 🚂 St-Louis, 8 k.
NIDANGE, ce de Charleville, Moselle.
NIEDBRUCKEN, ce de Condé-Northen, B.-Rhin.
NIDECK, ce de St-Avold, Moselle.
NIDERWILLER, V. NIEDERWILLER.
NIEDALTDORF, 514 h, ⊠ ‡ ☎ 🚂. Sarre, ar. Sarrelouis, c. Oberesch
NIEDERALTDORF, ce de Uhlwiller, B.-Rhin.
NIEDERASPACH, V. ASPACH-LE-BAS.

NIEDERBETSCHDORF, 982 h. B.-Rhin, ar. Wissembourg, c. Soultz-s.-Forêts, Oberbetschdorf, Betschdorf.

NIEDERBEWINGEN, V. BEVANGE-BASSE.

NIEDERBEXBACH. 712 h. Sarre ar. Homburg c. Waldmohr Mittelbexbach 2 k.

NIEDERBO V. BEUX.

NIEDERBRONN 3323 h. B.-Rhin ar. Wissembourg ch.-l. c. 447 k. Paris.

NIEDERBRONN-LES-BAINS (*Bad-Niederbronn*) cᵉ Niederbronn B.-Rhin.

NIEDERBRUCK 335 h. H.-Rhin ar. Thann c. Massevaux.

NIEDERBRUCKEN cᵉ de Condé-Northen Moselle.

NIEDERBURBACH V. BOURBACH-LE-BAS.

NIEDEREHNHEIM V. NIEDERNAI.

NIEDERENTZEN (*Niederentzen*) 249 h. H.-Rhin. ar. Guebwiller, c. Ensisheim, tram. Oberentzen, 0 k. 5.

NIEDERFILLEN (*Basse-Vigneulles*), cᵉ de Vigneulles-Hautes, Moselle.

NIEDERGAILBACH, 356 h. Sarre, ar. c. Deux-Ponts, Reinheim, 1 k.

NIEDERGENTRINGEN, cᵉ de Thionville, Moselle.

NIEDERGININGEN, V. GUÉNANGE-BASSE.

NIEDERHAGENTHAL, V. HAGENTHAL-LE-BAS.

NIEDERHAM, V. HAM BASSE ET HAUTE.

NIEDERHASLACH, 791 h. B.-Rhin, ar. c. Molsheim, Urmatt, 2 k.

NIEDERHAUSBERGEN, 584 h. B.-Rhin, ar. Srasbourg-C., c. Schiltigheim, tram. Oberhausbergen, Mundolsheim, 3 k.

NIEDERHERGHEIM, 701 h. tram. H.-Rhin, ar. Guebwiller, c. Ensisheim, Oberhergheim.

NIEDERHOFEN, 98 h. cᵉ de Ueberroth, Sarre.

NIEDERHOFF, 380 h. Moselle, ar. Sarrebourg, c. Lorquin, 6 k.

NIEDERHOMBURG, V. HOMBOURG, BAS ET HAUT.

NIEDERHOST, V. HOST, BASSE ET HAUTE.

NIEDER-JEUTZ, V. YUTZ-BASSE.

NIEDERKONTZ, V. KONTZ-BASSE.

NIEDERLARG, 90 h. H.-Rhin, ar. Altkirch, c. Hirsingue, 10 k. Bisel.

NIEDERLAUTERBACH, 827 h. B.-Rhin, ar. Wissembourg, c. Lauterbourg.

NIEDER-LIMBERG, 280 h. Sarre, ar. Sarrelouis, c. tram. Wallerfangen, 14 k.

NIEDERLINDER, V. LINDRE-BASSE.

NIEDER-LINXWILLER, 1078 h. Sarre, ar. c. Sᵗ-Wendel.

NIEDERMAGSTATT, V. MAGSTATT-LE-BAS.

NIEDERMICHELBACH, V. MICHELBACH-LE BAS.

NIEDERMODERN ou NIEDERMOTTERN, 505 h. B.-Rhin, ar. Saverne, c. Bouxwiller, Pfaffenhoffen.

NIEDERMORSCHWIHR (*Niedermorschweier*), 726 h. H.-Rhin, ar. Ribeauvillé, c. Kaysersberg, Katzenthal, Ingersheim et Turkheim, 2k.

NIEDERMORSCHWILLER, 2309 h. H.-Rhin, ar. c. Mulhouse, Dornach.

NIEDERMUESPACH (*Niedermüspach*), 485 h. H.-Rhin ar. Altkirch, c. Ferrette, Mittelmuespach, Waldighoffen, 4 k. 6.

NIEDERNAI (*Niederehnheim*), 811 h. B.-Rhin, ar. Erstein, c. Obernai, 3 k.

NIEDERNEUNKIRCHEN, 636 h. Sarre, ar. Ottweiler, c. tram. Neunkirchen, 1 k.

NIEDERPATH, cᵉ de Boust, Moselle.

NIEDERRANSPACH, V. RANSPACH-LE-BAS.

NIEDER-REMELINGEN, cᵉ de Fameck, Moselle.

NIEDER-RENTGEN, *V.* Rentgen, Basse et Haute.

NIEDERROEDERN (*Niederrodern*), 787 h. ⊠ B.-Rhin, ar. Wissembourg, c. Seltz.

NIEDER-Sᵗ-CHARLES, cᵉ de Petite-Rosselle, Moselle.

NIEDERSALBACH, 454 h. Sarre, ar. Sarrebrück, c. Sellerbach, ⊠ tram. Heusweiler, 3 k.

NIEDER-SAUBACH, 287 h. Sarre, ar. Sarrelouis, c. Lebach.

NIEDERSCHAEFFOLSHEIM, 1055 h. ⊠ B.-Rhin, ar. c. Haguenau, 6 k.

NIEDERSEEBACH, 106 h. B.-Rhin, ar. Wissembourg, c. Seltz ⊠ Oberseebach, Hunspach, 6 k.

NIEDERSEPT, *V.* Seppois-le-Bas.

NIEDERSOULTZBACH, *V.* Soppe-le-Bas.

NIEDERSOULTZBACH (*Niedersulzbach*), 318 h. B.-Rhin, ar. Saverne, c. ⊠ Bouxwiller, Obersoultzbach.

NIEDERSPECHBACH, *V.* Spechbach-le-Bas.

NIEDERSTEINBACH, 350 h. B.-Rhin, ar. c. Wissembourg, ⊠ Obersteinbach, Lembach, 9 k.

NIEDERSTEINBRUNN, *V.* Steinbrunn-le-Bas.

NIEDERSTINZEL, 462 h. ⊠ Moselle, ar. Sarrebourg, c. Fénétrange.

NIEDERSULZBACH, *V.* Niedersoultzbach et Soppe-le-Bas.

NIEDERTRAUBACH, *V.* Traubach-le-Bas.

NIEDERUM, *V.* Many.

NIEDERWILLER (*Niederweiler*), 1032 h. ⊠ Moselle, ar. c. Sarrebourg, 5 k. 5

NIEDERWISSE, 255 h. ⊠ ar. c. Boulay, 7 k. 5.

NIEDWEILER, *V.* Villers-s.-Nied.

NIEDERWURZBACH, 2058 h. ⊠ Sarre, ar. Sᵗ-Ingbert, c. Blieskastel.

NIEDWELLINGEN, cᵉ de Guerstling, Moselle.

NIEVERLACH, *V.* Nouilly.

NIFFER, 263 h. H.-Rhin. ar. Mulhouse, c. Habsheim, 8 k. ⊠ Kembs.

NILVANGE (*Nilvingen*), 5795 h. Moselle, ar. Thionville-Ouest, c. Hayange, ⊠ Knutange, 0 k. 5.

NITTING, 334 h. Moselle, ar. Sarrebourg, c. ⊠ Lorquin.

NIVERLACH, cᵉ de Riche, Moselle.

NOIRCEUX (*Narci*), cᵉ de Fouchy (Grube), H.-Rhin.

NOISSEVILLE, 219 h. ⊠ Moselle, ar. Metz-C., 8 k. c. Vigy, Nouilly, 1 k. *V.* Lauvallière.

NONKEIL ou NONDKAIL, cᵉ de Oetting, Moselle.

NONNENBOURG, cᵉ de Walscheid, Moselle.

NONNENHOF, cᵉ de Haguenau, B.-Rhin.

NORDHAUSEN, 1245 h. ⊠ B.-Rhin, ar. c. Erstein, Limersheim, 1 k.

NORDHEIM, 718 h. B.-Rhin, ar. Molsheim, c. Wasselonne, ⊠ Marlenheim, 3 k.

NORROY-LE-VENEUR (*Norringen*), 511 h. ⊠ Moselle ar. c. Metz-C., Woippy 5 k.

NORTHEN, cᵉ de Condé-Northen, Moselle.

NOTHALTEN, 667 h. ⊠. B.-Rhin, ar. Schlestadt, c. Barr, Epfig, 3 k.

NOUE (LA), cᵉ de Ars-s.-Moselle, Moselle.

NOUILLY (*Nieverlach*), 193 h. Moselle, ar. Metz-C., c. Vigy, ⊠ Noisseville.

NOUSSEVILLER-LES-PUTTELANGE (*Nussweiler*), 436 h. Moselle, ar. c. Forbach, ⊠ Hundling, 2 k.

NOUSSEVILLER - LES - VOLMUNSTER, 244 h. Moselle, ar. Sarreguemines, c. Volmunster, ⊠ Bitche, 9 k.

NOVÉANT-s.-MOSELLE (*Neuburg-i-Lothringen*), 1471 h. ⊠ Moselle, ar. Metz-C., c. Gorze.

NUMBORN, 186 h. Sarre, ar. Sarrebrück, c. ⊠ ⚕ 🚂 tram. Heusweiler, 4 k.

NUSSWEILER, V. NOUSSEVILLER.

O

OBENHEIM, 892 h. ⊠ ⚕ 🚂 tram. B.-Rhin, ar. c. Erstein.

OBERAPACH, ce de Apach, Moselle.

OBERASPACH, V. ASPACH-LE-HAUT.

OBERBETSCHDORF, 1156 h. ⊠ ⚕ 🚂. B.-Rhin, ar. Wissembourg, c. Soultz-s.-Forêts, 🚂 Bettsdorf.

OBERBEVINGEN, ce de Richemont, Moselle.

OBERBEXBACH, 4501 h. ⊠ ⚕ 🚂. Sarre, ar. Homburg, c. Waldmohr, 🚂 Mittelbexbach, 2 k.

OBERBREITENBACH, ce de Breitenbach, H.-Rhin.

OBERBRONN, 1370 h. ⊠ ⚕ 🚂. B.-Rhin, ar. Haguenau, c. 🚂 Niederbronn, 2 k. 5.

OBERBRUCK, 509 h. ⊠ ⚕ 🚂. H.-Rhin, ar. Thann, c. Massevaux, 🚂 Oberbruck-Dolleren.

OBERBURBACH, V. BOURBACH-LE-HAUT.

OBERBURNHAUPT, V. BURNHAUPT-LE-HAUT.

OBERDORFF (*Oberdorf*), 179 h. ⚕ 🚂. Moselle, ar. Boulay, c. Bouzonville, ⊠ 🚂 Brettenach, 3 k. 7.

OBERDORFF, 501 h. ⚕ 🚂 🚂. H.-Rhin, ar. Altkirch, c. Hirsingue, ⊠ Grentzingen.

OBERDORFF, 196 h. B.-Rhin, ar. Wissembourg, c. ⊠ ⚕ 🚂 🚂 Woerth-s.-Sauer, 4 k..

OBERDORFF, ce de Riedseltz, B.-Rhin.

OBERECKE, ce de Rolbing, Moselle.

OBEREHNHEIM, V. OBERNAI.

OBERENTZEN (*Oberenzen*), 478 h. ⊠ ⚕ 🚂 🚂 tram. H.-Rhin, ar. Guebwiller, c. Ensisheim.

OBERESCH, 280 h. Sarre, ar. Sarrelouis, ch.-l. c., ⊠ ⚕ 🚂 🚂 Kerprich-Hemmersdorf, 7 k.

OBERFILLEN, V. VIGNEULLES-HAUTES.

OBERGAILBACH, 340 h. Moselle, ar. Sarreguemines, c. Volmunster, ⊠ ⚕ 🚂 🚂 Woelfling, 5 k. 3 et Reinheim, 3 k. 5.

OBERGENTRINGEN, ce de Thionville, Moselle.

OBERGININGEN, V. HAUTE-GUÉNANGE, Moselle.

OBERHAGENTHAL, V. HAGENTHAL-LE-HAUT.

OBERHAM, V. HAM BASSE ET HAUTE.

OBERHAMMER (*La Forge*), 🚂 🚂 (pr. Hesse), Moselle.

OBERHASLACH, 996 h. ⚕ 🚂. B.-Rhin, ar. c. 🚂 Molsheim, 4 k. ⊠ Niederhaslach.

OBERHAUSBERGEN, 1014 h. ⊠ ⚕ 🚂 🚂 tram. B.-Rhin, ar. Strasbourg-C., c. Schiltigheim.

OBERBERGHEIM, 1042 h. ⊠ ⚕ 🚂 🚂 tram. H.-Rhin, ar. Guebwiller, c. Ensisheim.

OBERHOF, ⚕ 🚂. ce d'Eckartswiller, B.-Rhin.

OBERHOFFEN (*Oberhofen*), 2203 h. ⊠ ⚕ 🚂 🚂. B.-Rhin, ar. Haguenau, c. Bischwiller.

OBERHOFFEN, 115 h. ⚕. B.-Rhin, ar. c. ⊠ 🚂 🚂 Wissembourg, 3 k.

OBERHOMBURG, V. HOMBOURG-HAUT.

OBERHOST, V. HOST-HAUT.

OBERHUTTEN, ce de Orbey, H.-Rhin.

OBER-JEUTZ, V. YUTZ-HAUTE.

OBERKONTZ, V. KONTZ-HAUTE.

OBERKUTZENHAUSEN, ce de Kutzenhausen, B.-Rhin.

OBERLARG, 225 h. ⚕ 🚂. H.-Rhin, ar. Altkirch, c. 🚂 Ferrette, 9 k. ⊠ Winckel.

OBERLAUTERBACH, 520 h. ⚕ 🚂. B.-Rhin, ar. Wissembourg, c. Seltz, ⊠ 🚂 Salmbach, 4 k.

OBER-LIMBERG, 125 h. Sarre, ar. Sarrelouis, c. ⊠ ⚕ 🚂 Rehlingen, 🚂 Buren 3 k. ou Wallerfangen, 2 k.

OBERLINDER, V. Lindre-Haute.

OBER-LINXWILLER, 807 h. Sarre, ar. c. ⊠ St-Wendel, 3 k.

OBERMAGSTATT, V. Magstatt-le-Haut.

OBERMICHELBACH, V. Michelbach-le-Haut.

OBERMODERN ou OBERMOTTERN, 1061 h. ⊠ B.-Rhin, ar. Saverne, c. Bouxwiller.

OBERMORSCHWIHR (*Obermorschweier*), 395 h. ⊠ H.-Rhin, ar. Colmar, c. Wintzenheim, Herrlisheim, 1 k. 9

OBERMORSCHWILLER, 352 h. H.-Rhin, ar. c. ⊠ Altkirch, Ingolsheim, 4 k.

OBERMUESPACH (*Obermüspach*), 459 h. B.-Rhin, ar. Altkirch, c. Ferrette, ⊠ Mittelmuespach, Waldighoffen, 6 k.

OBERMUHLTHAL, ce de Baerenthal, Moselle.

OBERNAI (*Oberehnheim*), 3915 h. ⊠ B.-Rhin, ar. Erstein, ch.-l. c. 460 k. Paris.

OBERNAUMEN, ce de Kirschnaumen, Moselle.

OBERPATH, ce de Boust, Moselle.

OBERRANSPACH, V. Ranspach-le-Haut.

OBERRATHSAMHAUSEN, ce de Baldenheim, B.-Rhin.

OBERREMELINGEN, ce de Fameck, Moselle.

OBERRENTGEN, V. Rentgen-le-Haut.

OBERROEDERN (*Oberrodern*), 480 h. B.-Rhin, ar. Wissembourg, c. Soultz-s.-Forêts, ⊠ Hoffen, 3 k. et Hatten, 4 k.

OBERSAASHEIM, 500 h. H.-Rhin, ar. Colmar, c. ⊠ Neuf-Brisach, 5 k. 2.

OBER-St-CHARLES, ce de Forbach, Moselle.

OBERSALBACH, 287 h. Sarre, ar. Sarrebrück, c. ⊠ tram. Heusweiler, 3 k.

OBERSCHAEFFOLSHEIM, 1124 h. ⊠ tram. B.-Rhin, ar. Strasbourg-C., c. Schiltigheim.

OBERSCHMELTZ, 41 h. ce de Nieder-Neunkirchen, Sarre.

OBERSDORF, V. Thonville.

OBERSSEBACH, 1681 h. ⊠ B.-Rhin, ar. Wissembourg, c. Seltz, Hunspach, 3 k.

OBERSEPT, V. Seppois-le-Haut.

OBERSIERCK, ce de Kerling, Moselle.

OBERSOULTZBACH, V. Soppe-le-Haut.

OBERSOULTZBACH (*Obersulzbach*), 441 h. tram. B.-Rhin, ar. Saverne, c. ⊠ Bouxwiller, 4 k.

OBERSPECHBACH, V. Spechbach-le-Haut.

OBERSTEINBACH, 392 h. ⊠ B.-Rhin, ar. c. Wissembourg, Lembach, 11 k.

OBERSTEINBRUNN, V. Steinbrunn-le-Haut.

OBERSTINZEL, 253 h. Moselle, ar. Sarrebourg, c. Fénétrange, ⊠ Berthelming.

OBERSTOSSWIHR, dép. de Stosswihr, H.-Rhin.

OBERSULZBACH, V. Obersoultzbach et Soppe-le-Haut.

OBERSULZEN, ce de Sulzen, Moselle.

OBERTHAL, 1161 h. ⊠ Sarre, ar. St-Wendel, c. Alweiler, Namborn, 4 k.

OBERTRAUBACH, V. Traubach-le-Haut.

OBERVOLKLINGEN, 1440 h. ce de Volklingen, Sarre.

OBERWISSE (*Oberwisse*), 155 h. Moselle, ar. c. Boulay, 10 k. ⊠ de Niederwisse.

OBERWURZBACH, 807 h. ⊠ Sarre, ar. c. St-Ingbert, Niederwurzbach, 4 k.

OBRECK, 139 h. Moselle, ar. c. Château-Salins, ⊠ W de Hampont, 8 k.

OBRICK, ce de Virming, Moselle.

ODEREN (*Odern*), 1448 h. ⊠ H.-Rhin, ar. Thann, c. St-Amarin.

ODILIENBERG, ce d'Ottrott, B.-Rhin.

ODRATZHEIM, 349 h. B.-Rhin, ar. Molsheim, c. Wasselonne, ⊠ Marlenheim, 2 k.

OELENBERG ou OHLENBERG (Couvent d'), c^e de Réning, H.-Rhin.

OERMINGEN, 1094 h. B.-Rhin, ar. Saverne, c. Saar-Union.

OETING (*Oetingen*), 726 h. Moselle, ar. c. Forbach, 3 k.

OETTINGEN, *V.* OTTANGE.

OEUTRANGE (*Oitringen*), 736 h. Moselle, ar. Thionville-Est, c. Cattenon et Hettange-la-Grande, 4 k.

OFFENDORFF, 1143 h. B.-Rhin, ar. Haguenau, c. Bischwiller, Herrlisheim, 2 k.

OFFENHEIM, 220 h. B.-Rhin, ar. Strasbourg-C., c. Truchtersheim, tram. Wiwersheim.

OFFWILLER, 868 h. B.-Rhin, ar. Haguenau, c. Niederbronn, Rothbach, 11 k. Engwiller, 7 k.

OGY (*Ogingen*), 144 h. Moselle, ar. Metz-C., c. Pange, 5 k.

OHENHEIM, c^e de Fegersheim, B.-Rhin, Marckolsheim.

OHLUNGEN, 858 h. B.-Rhin, ar. c. Haguenau, Schweighouse, 3 k. 3.

OHNENHEIM, 87 h. B.-Rhin, ar. Schlestadt, c. tram. Marckolsheim, 2 k. et Elsenheim, 2 k.

OHRENTHAL, c^e de Rolbing, Moselle.

OLGY, c^e de Argancy, Moselle.

OLLHOFEN, *V.* HOLACOURT.

OLLWILLER, c^e de Wuenheim, H.-Rhin.

OLSBERG, c^e de Breidenbach, Moselle

OLTINGEN, 687 h. H.-Rhin, ar. Altkirch, c. Ferrette, 4 k. et Werentzhouse, 5 k.

OLTZWEILER, *V.* OTZWILLER.

OLWISHEIM, 372 h. B.-Rhin, ar. Strasbourg-C., c. Brumath, Wendenheim et halte Stephansfeld, 3 k. 5.

OMERSVILLER, *V.* ORMERSWILLER.

OMMEREY ou OMMERAY (*Ommerich*), 272 h. Moselle, ar. Château-Salins, c. Vic, Bourdonnaye, Azoudange, 9 k.

OMMERSHEIM, 120 h. Sarre, ar. c. St-Ingbert, 10 k. et Blieskastel, 9 k.

OPPERDINGEN, c^e de Rolbing, Moselle.

ORBEY (*Urbeis*), 4485 h. tram. H.-Rhin, ar. Ribeauvillé, c. La Poutroye, Hachimette-Orbay, 3 k.

ORBEY (BAS), c^e de Orbey, Moselle,

ORIOCOURT (*Orhofen*), 168 h. Moselle, ar. Château-Salins, c. Delme.

ORMERSHEIM, 1050 h. tram. Sarre, ar. St-Ingbert, c. Blieskastel, 11 k.

ORMERSWILLER, 475 h. Moselle, ar. Sarreguemines c. Volmunster, Woelfling, 12 k.

ORN, *V.* ORON.

ORNACH, *V.* ORNY.

ORNY, 431 h. Moselle, ar. Metz-C., c. Verny, 5 k.

ORON (*Orn*), 252 h. Moselle, ar. Château-Salins, c. Delme, Lucy, Baudrecourt, 8 k. 5.

ORSCHWIHR (*Orschweier*), 1105 h. B.-Rhin, ar. c. Guebwiller, 6 k.

ORSCHWILLER, 664 h. B.-Rhin, ar. c. Schlestadt, Kintzheim, St-Hippolyte, 3 k.

OSENBACH, 591 h. H.-Rhin, ar. Guebwiller, c. Rouffach, 10 k. Soultzmatt.

OSENBACH, 523 h. c^e de Oberthal, Sarre.

OSTHAUSEN, 876 h. B.-Rhin, ar. c. Erstein, 2 k. et Matzenheim, 1 k. 8

OSTHEIM, 1078 h. H.-Rhin, ar. Ribeauvillé, c. Kayserberg.

OSTHOFFEN (*Osthofen*), 586 h. B.-Rhin, ar. Strasbourg-C., c. Truchtersheim, Avolsheim, 7 k.

OSTWALD, 1674 h.

B.-Rhin, ar. Erstein. c. Geispolsheim, Illkirch-Graffenstaden, 3 k.
OTINGEN, V. Oetingo et Ottange.
OTRINGEN, V. Oeutrange.
OTTANGE (*Oettingen, Ottingen*), 3276 h. Moselle, ar. Thionville-Ouest, c. Fontoy.
OTTENDORF, V. Courtavon.
OTTENDORF-b-BOLCHEN, V. Ottonville.
OTTENHAUSEN, 693 h. c[e] de Gersweiler, Sarre.
OTTERSTHAL, 490 h. B.-Rhin, ar. c. Saverne. 2 k.
OTTERSWILLER, 729 h. B.-Rhin, ar. Saverne, c. Marmoutier.
OTTMARSHEIM, 708 h. H.-Rhin, ar. Mulhouse, 3 k. c. Habsheim, Bantzenheim, 3 k.
OTTONVILLE-LES-BOULAY (*Ottendorf-b-Bolchen*), 455 h. Moselle, ar. c. Boulay, 5 k.
OTTROTT, 1371 h. B.-Rhin, ar. Molsheim, c. Rosheim.
OTTWEILER, 5559 h. Sarre, ch.-l. ar. c. Lignes Sarrebrück-Bingerbrück.
OTTWEILERZIEGELHUTTE, 357 h. ar. c. Ottweiler, Sarre.
OTTWILLER ou AUDVILLER, 350 h. B.-Rhin, ar. Saverne, c. Drulingen, 3 k. 4.
OTTWILLER, c[e] de Guéblange, Moselle.
OTZENBACH, c[e] de Meissengott, B.-Rhin.
OTZWILLER, c[e] de Schwerdorf, Moselle.
OUDREN ou OUDERN (*Udern*), 663 h. Moselle, ar. Thionville-Est, c. Metzerwisse, Koenigsmacker, 5 k.
OUTRY, c[e] de Ancerville, Moselle

P

PACHTEN, 1500 h. Sarre, ar. Sarrelouis, c. Fraulautern, Dillingen, 1 k.
PAGNY-LES-GOIN (*Paningen*), 219 h. Moselle, ar. Metz-C., c. Verny, Pagny-Louvigny. 1 k. 5.
PAIRIS, c[e] de Ordey, H.-Rhin.
PANGE (*Spangen*), 318 h. Moselle, ar. Metz-C., ch.-l. c. 328 k. Paris.
PANINGEN, V. Pagny-les-Goin.
PAPETERIE (LA), (*Papiermühle*), c[e] de Eguelshardt, Moselle.
PAPOLSHEIM, V. Plappeville.
PATH ou PARTH (BASSE et HAUTE). c[e] de Boust, Moselle.
PÉCHELBRONN, c[e] de Kurtzenhausen, B.-Rhin.
PELTRE (*Peller*). 816 h. Moselle, ar. Metz-C., c. Verny.
PEPINGEN, V. Plappecourt.
PÉPINVILLE, c[e] de Richemont, Moselle.
PEPPENKUM, 267 h. Sarre, ar. c. Deux-Ponts, 14 k. Medelsheim-Fischbach.
PÉROUSE, V. Pfetterhouse.
PETERSBACH, 873 h. B.-Rhin, ar. Saverne, c. La Petite-Pierre, Tieffenbach-Struth, 5 k. 3.
PETERSWEILER, V. Pierrevillers.
PETIT-LANDAU (*Klein-Landau* 531 h. H.-Rhin, ar. Mulhouse, c. Habsheim, Kembs, Sierentz, 11 k.
PETIT MAGNY-s.-PETIT-VAL-DIEU, V. Magny.
PETIT-MARAIS, c[e] de Rétonfey, Moselle.
PETITE-PIERRE (LA), (*Lützelstein*), 805 h. B.-Rhin, ar. Saverne, ch.-l. c. 416 k. Paris, Wingen, 10 k.
PETIT-REDERCHING (*Klein-Rederchingen*), 843 h. Moselle, ar. Sarreguemines, c. Rorbach.
PETIT-RIBEAUVILLÉ (*Klein-Rappolstein*), c[e] de la Poutroye, H.-Rhin.
PETITE-ROSSELLE (*Klein-Rosseln*), 6897 h. Moselle ar. c. Forbach et Gr[illegible]de-Rosselle.
PETIT-TENQUIN (*Kleintannchen*), 202 h. Moselle, ar. For-

bach, c. Gros-Tenquin, ⊠ Hellimer, Insmingen, 4 k.

PETTENHOFEN, V. PETTONCOURT.

PETTONCOURT, 226 h. Moselle, ar. c. Château-Salins, ⊠ Chambrey, 5 k. et Moncel, 0 k. 7.

PEVANGE (*Pewingen*), 74 h. Moselle, ar. c. Château-Salins, ⊠ Haboudange, 3 k. 5.

PFAFFENHEIM, 1325 h. ⊠ H.-Rhin, ar. Guebwiller, c. Rouffach, 4 k.

PFAFFENHOFFEN, 1402 h. ⊠ B.-Rhin, ar. Saverne, c. Bouxwiller.

PFALSBURG, V. PHALSBOURG.

PFALZWEYER (*Pfalzweier*), 324 h. B.-Rhin, ar. Saverne, c. La Petite-Pierre, ⊠ Berlingen, 1 k.

PFARRÉBERSWEILER, V. FANÉBERSWILLER.

PFASTATT, 3216 h. ⊠ H.-Rhin, ar. c. tram. Mulhouse, 4 k.

PFETTERHOUSE ou PÉROUSE (*Pfetterhausen*), 1210 h. ⊠ H.-Rhin, ar. Altkirch, c. Hirsingue, 14 k.

PFETTISHEIM ou PFETZEN, 377 h. B.-Rhin, ar. Strasbourg-C., c. ⊠ Truchtersheim, 3 k.

PFIRT, V. FERRETTE.

PFUGSCHEID, 467 h. cᵉ de Guichenbach, Sarre.

PFULGRIESHEIM, 420 h. B.-Rhin, ar. Strasbourg-C., c. Truchtersheim, ⊠ Dingsheim, Wendenheim, 5 k.

PHALSBOURG (*Pfalzburg*), 3798 h. ⊠ Moselle, ar. Sarrebourg, ch.-l. c. 407 k. Paris.

PHILIPPSBOURG, 552 h. ⊠ Moselle, ar. Sarreguemines, c. Bitche.

PIBLANGE (*Pieblingen*), 209 h. Moselle, ar. c. Boulay, 5 k. ⊠ Eberswiller.

PICARD, V. PIKARD.

PIERREVILLERS (*Peterswei ler*), 728 h. Moselle, ar. c. Metz-C., ⊠ Marange-Silvange, Rombas, 3 k. 2.

PIESBACH-BETTSTADT, 824 h. Sarre, ar. Sarrelouis, c. ⊠ Nalbach, 2 k.

PIKARD, 391 h. Sarre, ar. Sarrelouis, c. ⊠ Wallerfangen.

PISTORFF (*Pisdorf*), 411 h. ⊠ B.-Rhin, ar. Saverne, c. Drulingen.

PLACE, cᵉ de la Baroche, H.-Rhin,

PLAINE (*Blen*), 1234 h. B.-Rhin, ar. Molsheim, c. Saales, ⊠ Sᵗ-Blaise-Poutay, 2 k.

PLAINE-DE-WALSCH (*Hoch-Walsch*), 469 h. Moselle, ar. c. Sarrebourg, ⊠ Vallerysthal-Trois-Fontaines, 3 k.

PLANTIÈRES-QUEULEU, dép. de Metz, Moselle.

PLAPPECOURT (*Peplingen*), cᵉ de Vaudoncourt, Moselle.

PLAPPEVILLE (*Papolsheim*), 1438 h. ⊠ Moselle, ar. c. Metz-C., 3 k.

PLENACH, V. PLÉNOIS.

PLÉNOIS ou PLESNOIS, 484 h. Moselle, ar. c. Metz-C., ⊠ Norroy-le-Veneur, Woippy 4 k. 8.

PLOBSHEIM, 1582 h. ⊠ tram. B.-Rhin, ar. Erstein, c. Geispolsheim.

POIX, cᵉ de Servigny-les-Sᵗᵉ-Barbe, Moselle.

POMMÉRIEUX (*Pommeringen*), 266 h. Moselle, ar. Metz-C., c. ⊠ Verny.

PONT-à-CHAUSSY, cᵉ de Courcelles-Chaussy, Moselle.

PONTINGEN, V. PONTOY.

PONT-PIERRE (*Steinbiedersdorf*), 611 h. ⊠ Moselle, ar. Boulay, c. Faulquemont, 3 k.

PONTOY (*Pontingen*), 328 h. Moselle, ar. Metz-C., c. Verny, ⊠ Solgne, Courcelles-s.-Nied, 6 k. 5.

PORCELETTE (*Porzelet*), 1326 h. ⊠ Moselle, ar. Forbach, c. Sᵗ-Avold, Creutzwald, 5 k.

PORZELLANMUHLE, cᵉ de Strasbourg, B.-Rhin.

POSTROFF (*Postdorf*), 389 h. Moselle, ar. Sarrebourg, c. ⊠ Fénétrange, 4 k.

POUILLY (*Pullingen*), 240 h. Moselle, ar. Metz-C., c. Verny, Magny, Coin-Cuvry, 4 k.
POURNOY-LA-CHÉTIVE (*Kleiprunach*), 121 h. Moselle, ar. Metz-C., Coin-Cuvry, 2 k.
POURNOY-LA-GRASSE (*Grossprunach*), 389 h. Moselle, ar. Metz-C., c. Verny, Pommérieux-Verny, 3 k.
POUTAY, c^e de Plaine, B.-Rhin, ar. Molsheim, c. Saales, St-Blaise-Poutay.
POUTROYE (LA) (*Schnierlach*), 2095 h. tram. H.-Rhin, ar. Ribeauvillé, ch.-l. c. 428 k. Paris.
PREISCH, c^e de Rentgen-Basse, Moselle.
PREUSCHDORF (*Brischdorf*), 689 h. H.-Rhin, ar. Wissembourg, c. Woerth-s.-Sauer, Soultz-s.-Forêts et Surbourg-Hoelschloch, 5 k.
PRÉVOCOURT (*Probsthofen*), 202 h. Moselle, ar. Château-Salins, c. Delme, 5 k.
PRIMBURG, 216 h. c^e de Eppelborn, Sarre.
PRIMSWILLER, 65 h. Sarre ar. Sarrelouis, c. Lebach.
PRINTZHEIM (*Prinzheim*), 393 h. B.-Rhin, ar., c. Saverne, Dettwilizr, 5 k.
PROBSTHOFEN, V. PRÉVOCOURT.
PUBERG, 419 h. B.-Rhin, ar. Saverne, c. La Petite-Pierre, Wingen.
PULLINGEN, V. POUILLY.
PULVERSHEIM, 283 h. H.-Rhin, ar. Guebwiller, c. Ensisheim, Bollwiller, 3 k.
PUSCHINGEN, V. PUZIEUX.
PUTTELANGE-LES-SARRALBE ou PUTTLANGE (*Pulllingen*), 1718 h. Moselle ar. Forbach, c. Sarralbe, Farschwillers, 4 k. 5.
PUTTELANGE-LES-RODEMACK ou PUTTLANGE (*Pulllingen*), 715 h. Moselle, ar. Thionville-Est, c. Cattenom.
PUTTIGNY (*Püllingen*), 180 h. Moselle, ar. c. Château-Salins, Hampont, 3 k.
PUTTLINGEN, 11289 h. Sarre, ar. Sarrebrück, ch.-l. c. V. aussi PUTTELANGE.
PUZIEUX (*Puschingen*), 260 h. Moselle, ar. Château-Salins, c. Delme.

Q

QUATRE-VENTS, 125 h. c^e de Schwalbach, Sarre.
QUATZENHEIM, 625 h. tram. B.-Rhin, ar. Strasbourg-C., c. Truchtersheim.
QUEULEU, c^e de Metz, Moselle.
QUIERSCHIED, 4153 h. Sarre, ar. Sarrebrück, c. Heusweiler.
QUIERSCHIEDGLASHUTTE, 530 h. c^e Quierschied, Sarre.
QUIRINSWEILER, V. MÉTAIRIES-St-QUIRIN.

R

RACRANGE (*Rakringen*), 663 h. Moselle, ar. Forbach, c. Gros-Tenquin, Morhange, 2 k. 5.
RADERSDORF, V. RŒDERSDORFF.
RADERSHEIM, V. RŒDERSHEIM.
RAHLING, 929 h. Moselle, ar. Sarreguemines, c. Rorbach, Domfessel, 6 k.
RAKRINGEN, V. RACRANGE.
RAMERSMATT (*Rammersmatt*), 283 h. H.-Rhin, ar. c. Thann, 4 k. Bourbach-le-Bas.
RAMERSPACH, c^e de Felleringen, H.-Rhin.
RAMMELFANGEN, 153 h. Sarre, ar. Sarrelouis, c. Kerlingen. Ittersdorf, Niedalldorf, 2 k.

RAMONVILLE, cᵉ de Rombas, Moselle.

RANDONSWEILER, *V.* RANTZWILLER.

RANGEN, 205 h. B.-Rhin, ar. Saverne, c. Marmoutier, ⊠ Wasselonne, 5 k.

RANGUEVAUX (*Rangwall*), 814 h. Moselle, ar. Thionville-Ouest, c. ⊠ Hayange, 4 k.

RANRUPT (*Rankel, Roggensbach*), 787 h. B.-Rhin, ar. Molsheim, c. Saales, ⊠ Sᵗ-Blaise-Poutay.

RANSPACH, 1195 h. H.-Rhin, ar. Thann, c. Sᵗ-Amarin, ⊠ Wesserling, 1 k. 5.

RANSPACH-LE-BAS (*Nieder-Ransbach*), 573 h. H.-Rhin, ar. Mulhouse, c. Huningue, ⊠ Blotzheim, 7 k.

RANSPACH-LE-HAUT (*Oberransbach*), 366 h. H.-Rhin, ar. Mulhouse, c. Huningue, ⊠ Blotzheim, 9 k.

RANTZWILLER (*Rantsweiler*), 309 h. ar. Mulhouse, c. Landser, ⊠ Sierentz, 6 k. 5.

RAPPOLTSWEILER, *V.* RIBEAUVILLÉ.

RASSWEILER, 506 h. Cᵉ d'Huttingweiler, c. Uchtelfaugen, Sarre.

RASTPFUHL, 108 h. dép. de Malstatt-Burbach incorporé à Sarrebrück.

RATZWILLER, 313 h. B.-Rhin, ar. Saverne, c. Saar-Union, ⊠ Diemeringen, 5 k.

RAUENTHAL, cᵉ de Sᵗᵉ-Marie-aux-Mines, H.-Rhin.

RAUSCHENDWASSER, cᵉ de Niederbronn, B.-Rhin.

RAUWILLER, 422 h. B.-Rhin, ar. Saverne, c. Drulingen, ⊠ Sarraltroff, 7 k.

RAVILLE (*Rollingen*), 270 h. Moselle, ar. Metz-C., c. Pange, ⊠ Bionville-s.-Nied, Courcelles, 8 k. 5.

REBENHAUSER, 29 h. Cᵉ de Klein-Blittersdof, Sarre.

RECH, ⊠ Cᵉ de Sarralbe, Moselle.

RECH, 162 h. Cᵉ de Ballern, Sarre.

RÉCHICOURT-LE-CHATEAU (*Rixingen*), 889 h. ⊠ Moselle, ar. Sarrebourg, ch.-l. c. 405 k. Paris.

RÉDANGE (*Redingen*), 1631 h. ⊠ Moselle, ar. Thionville-Ouest, c. Fontoy.

REDEN-KLINKENTHAL, 237 h. ⊠ Cᵉ de Landsweiler, Sarre.

RÉDERCHEN, cᵉ de Mégange, Moselle.

RÉDING ou RIEDING (*Riedingen*), ⊠ Moselle, ar., c. Sarrebourg, 5 k.

RÉDINGEN, *V.* RÉDANGE et REDING.

REDLACH, cᵉ de Tritteling, Moselle.

REGISHEIM, *V.* RÉGUISHEIM.

REGUISHEIM, 1477 h. ⊠ tram. H.-Rhin, ar. Guebwiller, c. Ensisheim, 1 k.

REHLINGEN, 1454 h. ⊠ Sarre, ar. Sarrelouis, ch.-l. c.

REICH, *V.* RICHE.

REICHENBRUNN, 57 h. Cᵉ de Ensheim, Sarre.

REICHENTHAL, *V.* RICHEVAL.

REICHENWEIER, *V.* RIQUEWIHR.

REICHERSBERG, *V.* RICHEMONT.

REICHLINGEN, *V.* RICHLING.

REICHSFELD, 396 h. B.-Rhin, ar. Schlestadt, c. Barr, ⊠ Itterswiller, Epfig, 6 k.

REICHSHOFFEN, 3008 h. ⊠ B.-Rhin, ar. Haguenau, c. Niederbronn.

REICHSTETT, 1488 h. ⊠ B.-Rhin, ar. Strasbourg-C., c. Schiltigheim, Mundolsheim, 3 k. 2.

REICHWEILER, *V.* RICHEWILLER.

REIMELINGEN, *V.* RÉMÉLING.

REMERING (*Reimeringen*), 458 h. Moselle, ar. Boulay, c. Bouzonville, ⊠ Hargarten-aux-Mines, 5 k.

REIMERSWILLER (*Reimersweiler*), 217 h. B.-Rhin, ar. Wissembourg, c. Soultz-s.-Forêts, 2 k. 1, ⊠ Surbourg.

REIMSBACH, 604 h. ⊠

Sarre, ar. Merzig, 10 k. c. Haustadt, Bettingen, 6 k.
REINACKERN, cᵉ de Reutenbourg, B.-Rhin.
REINHARDSMUNSTER, 435 h. B.-Rhin, ar. Saverne, c. Marmoutier, 6 k.
REINHEIM (*Rheinheim*), 667 h. Sarre, ar. Sᵗ-Ingbert, c. Blieskastel.
REININGEN, V. Réning.
REIPERTSWEILER, V. Ripertswiller.
REISKIRCHEN, 417 h. cᵉ de Erbach, Sarre.
REISWEILER, 563 h. Sarre, ar. Sarrelouis, c. c. Saarwellingen, Lebach et Nalbach, 8 k.
REITENBUCHEN, V. Rétonfey.
REITWILLER, 427 h. B.-Rhin, ar. Strasbourg-C., c. tram. Truchtersheim, 1 k. 7.
REMLACH, V. Remilly.
REMELDORFF, cᵉ de Neunkirchen. Moselle.
REMELFANG, 150 h. Moselle, ar. Boulay, c. Bouzonville, Freistroff, 2 k.
REMELFING, 1111 h. Moselle, ar. c. Sarreguemines, Sarreinsming, 1 k.
RÉMELING (*Reimelingen*), 375 h. Moselle, Moselle, ar. Thionville-Ouest, c. Sierck, 13 k. Waldwisse.
REMELINGEN, cᵉ de Fameck, Moselle.
REMERINGEN, V. Reimering.
RÉMÉRING (*Reimeringen*), 660 h. Moselle, ar. Forbach, c. Sarralbe, 6 k. et Farschwiller, 7 k.
REMILLY (*Remelach*), 904 h. Moselle, ar. Metz-C., c. Pange.
REMLOCH, cᵉ de Stosswihr, H.-Rhin.
REMMESFURTH, 150 h. cᵉ de Lautenbach, Sarre.
REMMESWEILER, 554 h. Sarre, ar. c. Sᵗ-Wendel, 5 k.
REMSINGEN, cᵉ de Folkling, Moselle.
REMSPACH, cᵉ de Linthal, H.-Rhin.
RENANGE, cᵉ de Volstroff, Moselle.
RENING (*Reiningen*) (et couvent d'Oelenberg), 1350 h. H.-Rhin, ar. c. et Mulhouse, 4 k.
RÉNING (*Reiningen*), 199 h. Moselle, Château-Salins, c. Albestroff, Insming, 2 k.
RENTGEN (BASSE et HAUTE) (*Nieder et Oberrentgen*), 303 h. Moselle, ar. Thionville-Est, c. Cattenom, Roussy-le-Village, Rodemack, 3 k.
RENTRISCH, 810 h. cᵉ de Scheidt, Sarre.
RENTRISCHERHAMMER, 89 h. cᵉ de Scheidt, Sarre.
RESCHWOOG, V. Roeschwoog.
RESSAINCOURT, cᵉ de Sᵗ-Jure, Moselle.
RÉTONFEY (*Reitenbuchen*), 343 h. Moselle, ar. Metz-C., c. Pange, Noisseville, Nouilly, 4 k.
RETSCHWILLER, 271 h. B.-Rhin, ar. Wissembourg, c. Soultz-s.-Forêts, 1 k. 5.
RETTEL ou RETHEL, 707 h. Moselle, ar. Thionville-Est, c. Sierck, 8 k.
RETZWILLER, 599 h. H.-Rhin, ar. Altkirch, c. Dannemarie, 3 k.
REUTENBOURG (*Reutenburg*), 496 h. B.-Rhin, ar. Saverne, c. de Marmoutier, 3 k.
REXINGEN, 199 h. B.-Rhin, ar. Saverne, c. Drulingen, Berg, Adamswiller, 3 k.
REYERSWILLER, 393 h. Moselle, ar. Sarreguemines, c. de Bitche, 4 k.
REZONVILLE, 380 h. Moselle, ar. Metz-C., c. Gorze, Gravelotte, Ars-s.-Moselle, 10 k.
RHEINAU, V. Rhinau.
RHEINFELDERHOF, cᵉ de Ruestenhart, H.-Rhin.
RHINAU (*Rheinau*), 1736 h. B.-Rhin, ar. Erstein, c. Benfeld.
RHEINHEIM, V. Reinheim.
RHODES (*Rodt*), 153 h.

Moselle, ar. c. Sarrebourg, ⊠ Langulmberg, 🚂 Azoudange, 10 k.

RIBEAUVILLÉ (*Rappoltsweiler*), 5846 h. ⊠ 🚂. H.-Rhin, ch.-l. ar. c. 429 k. Paris.

RICHE (*Reich*), 246 h. Moselle, ar. c. Château-Salins, ⊠ 🚂 Haboudange, 2 k.

RICHELING, V. RICHLING.

RICHEMONT (*Reichersberg*), 1720 h. ⊠ 🚂. Moselle, ar. Thionville-Ouest, c. Hayange.

RICHEVAL (*Reichenthal*), 211 h. Moselle, ar. Sarrebourg, c. 🚂 Réchicourt-le-Château, 8 k. ⊠ Foulcrey.

RICHLING ou RICHELING (*Richlingen*), 241 h. 🚂 Moselle, ar. Forbach, c. Sarralbe, ⊠ Puttelange-les-Sarralbe, 🚂 Farschwiller, 6 k.

RICHTOLSHEIM, 315 h. 🚂 tram. B.-Rhin, ar. Schlestadt, c. Marckolsheim, ⊠ Sundhausen.

RICHWILLER, 750 h. ⊠ 🚂. B.-Rhin, c. Mulhouse, et 🚂 Lutterbach, 3 k.

RIERANGE (*Rickringen*), cᵉ de Courtavon, H.-Rhin.

RIEDELMUHLE, cᵉ de Brumath, B.-Rhin.

RIEDHEIM, 238 h. B.-Rhin, ar. Saverne, c. ⊠ 🚂 Bouxwiller, 2 k. 5.

RIEDING, V. RÉDING.

RIEDISHEIM, 5678 h. ⊠. H.-Rhin, ar. 🚂 Mulhouse, 2 k. 5. c. Habsheim.

RIEDSELTZ (*Riedseltz*), 1128 h. ⊠ 🚂 1 k. B.-Rhin, ar. c. Wissembourg.

RIEDWIHR (*Riedweier*), 400 h. H.-Rhin, ar. Colmar, c. Andolsheim, ⊠ 🚂 Jebsheim, 3 k.

RIEGELSBERG, 467 h. ⊠ tram. cᵉ de Guichenbach, Sarre.

RIESPACH, 530 h. H.-Rhin, ar. Altkirch, c. Hirsingue, ⊠ 🚂 Waldighoffen, 2 k. 7.

RIESWEILER, 68 h. cᵉ de Brenschelbach, Sarre.

RILCHINGEN (avec Hanweiler,) 672 h. 🚂. Sarre, ar. Sarrebrück, c. Kleinblittersdorf, ⊠ Auersmacher.

RIMBACH, 267 h. H.-Rhin, ar. c. 🚂 Guebwiller, 4 k. 8, ⊠ Iungholtz.

RIMBACH, 645 h. H.-Rhin, ar. Thann, c. Massevaux, ⊠ 🚂 Oberbruck-Dolleren, 1 k. 5.

RIMBACH-ZELL, 417 h. H.-Rhin, ar. c. Guebwiller, ⊠ Iungholtz, 🚂 Soultz.

RIMELING ou RIMLING, 621 h. ⊠. Moselle, ar. Sarreguemines, c. Volmunster, 🚂 Woelfling, 6 k.

RIMSDORF, 262 h. B.-Rhin, ar. Saverne, c. ⊠ 🚂 Saar-Union, 2 k. 8.

RINGELDORF, 107 h. B.-Rhin, ar. Strasbourg-C., c. Hochfelden, ⊠ 🚂 Ettendorff, 2 k. 5.

RINGENDORF, 555 h. ⊠. B.-Rhin, ar. Strasbourg-C., c. Hochfelden, 🚂 Ettendorff.

RINSTINGEN, cᵉ de Bebing, Moselle.

RIPERTSWILLER (*Reipertsweiler*), 886 h. B.-Rhin, ar. Saverne, c. 🚂 tram. Truchtersheim, ⊠ Lichtenberg.

RIPPLINGEN, 130 h. cᵉ de Ballern, Sarre.

RIQUEWIHR (*Reichenweier*), 1138 h. ⊠. H.-Rhin ar. Ribeauvillé, c. Kaysersberg, 🚂 Ostheim-Beblenheim, 5 k.

RITTENHOFEN, 193 h. Sarre, ar. Sarrebrück, c. Sellerbach, ⊠ Köln, 🚂 Puttlingen, 2 k.

RITTERSHOF, 111 h, Sarre, ar. Sarrebrück, c. Heusweiler.

RITTERSHOF, 30 h. cᵉ de Hassel, Sarre.

RITTERSHOFFEN, 857 h. ⊠ 🚂. B.-Rhin, ar. Wissembourg, c. Soultz-s.-Forêts.

RITTERSMUHLE, 27 h. cᵉ de Ommersheim, Sarre.

RITTERSTRASSE, 709h . cᵉ Püttlingen, Sarre.

RITZINGEN, V. RUSSANGE.

RIXHEIM, 3595 h. ⊠ 🚂. H.-Rhin, ar. Mulhouse, c. Habsheim.

RIXINGEN, V. RÉCHICOURT-LE-CHATEAU.

ROBERTSAU (LA), banlieue de Strasbourg, B.-Rhin

ROCHELLE (LA), ce de Thann, H.-Rhin.

ROCHETTE (LA), ce de la Baroche, H.-Rhin.

ROCHONVILLERS (*Ruxweiler*), 284 h. Moselle, ar. Thionville-Ouest, c. Fontoy, Ottange, 5 k.

ROCKERSHAUSEN. 887 h. ce de Püttlingen, Sarre.

RODALBE (*Rodalben*), 323 h. Moselle, ar. Château-Salins, c. Albestroff, Bermering.

RODANGE, *V.* Rédange.

RODEMACK (*Rodemachern*), 629 h. Moselle, ar. Thionville-Est, c. Cattenom.

RODEN, 4671 h. tram. Sarre, ar. Sarrelouis, c. Fraulautern.

RODEREN (*Hohrodern, Rodern*), 898 h. H.-Rhin, ar. c. Thann, 5 k.

RODEREN (*Rodern*), 360 h. H.-Rhin, ar. c. Ribeauvillé, St-Hippolyte, 5 k.

RODLACH, ce de Bibiche, Moselle.

RODT, *V.* Rhodes et Roth.

ROEDERSDORFF (*Radersdorf*), 342 h. H.-Rhin, ar. Altkirch, c. Ferrette, Werentzhouse, 7 k. 5.

ROEDERSHEIM (*Radersheim*), 346 h. H.-Rhin, ar. Guebwiller, c. Soultz, Bollwiller.

ROESCHWOOG (*Roschwoog*), 1202 h. B.-Rhin, ar. Haguenau, c. Bischwiller.

ROETHIG, ce d'Eckbolsheim, B.-Rhin.

ROGGENHAUSEN, 212 h. H.-Rhin, ar. Guebwiller, c. Ensisheim, Munchhausen.

ROGGENSBACH, *V.* Ranrupt.

ROHR, 269 h. B.-Rhin, ar. Strasbourg-C., c. Truchtersheim, Duntzenheim.

ROHRBACH, *V.* Rorbach.

ROHRBACH-LES-St-INGBERT ou RORHBACH, 2015 h. Sarre, ar. c. St-Ingbert, *V.* Rohrbach.

ROHRSCHWIHR (*Rohrschweler*) *V.* Rorschwihr.

ROHRWILLER, 991 h. B.-Rhin, ar. Haguenau, c. Bischwiller, Herrlisheim, 5 k.

ROLBING, 581 h. Moselle, ar. Sarreguemines, c. Volmunster, Breidenbach, Bitche, 10 k.

ROLLINGEN, *V.* Raville.

ROMAGNY (*Willern*), 162 h. H.-Rhin, ar. Altkirch, c. Dannemarie, Montreux-Vieux, 5 k.

ROMANSWILLER, 815 h. B.-Rhin, ar. Molsheim, c. Wasselonne.

ROMBAS (*Rombach*), 6247 h. Moselle, ar. c. Metz-C.,

ROMMELFING ou ROMELFING, 515 h. Moselle, ar. Sarrebourg, c. Fénétrange, 3 k.

RONCOURT (*Ronhofen*), 459 h. Moselle, ar. c. Metz-C., Amanvillers, 4 k.

RONDELLE (LA), ce de Steinbourg, B.-Rhin.

RONHOFEN, *V.* Roncourt.

ROPPENHEIM, 677 h. B.-Rhin, ar. Haguenau, c. Bischwiller.

ROPPENTZWILLER (*Roppenzweiler*), 826 h. H.-Rhin, ar. Altkirch, c. Ferrette.

ROPPEWILLER (*Roppweiler*), 330 h. Moselle, ar. Sarreguemines, c. Bitche, 10 k. Haspelscheidt.

RORBACH (*Rohrbach*), 83 h. Moselle, ar. Château-Salins, c. Dieuze, Loudrefing, 5 k.

RORBACH (*Rohrbach*), 1136 h. Moselle, ar. Sarreguemines, ch.-l. c. 411 k. Paris, *V.* Rohrbach.

RORCHINGEN, *V.* Rurange.

RORSCHWIHR (*Rohrschweler*), 287 h. H.-Rhin, ar. c. Ribeauvillé, 5 k. Bergheim, St-Hippolyte, 4 k.

ROSBRUCK (*Rossbrucken*), 603 h. Moselle, ar. c. Forbach, Morsbach, Cocheren, 1 k.

ROSCHWOOG, *V.* Roeschwoog.

ROSELANGE, *V.* Rosselange.

ROSENAU, 496 h. H.-Rhin, ar. Mulhouse, c. Huningue, Bertenheim, 4 k.
ROSENWEILER, c^e de Dettwiller, B.-Rhin.
ROSENWILLER, 649 h. B.-Rhin, ar. Molsheim, c. Rosheim, 2 k. 8.
ROSERINGEN, *V.* Rozérieulles.
ROSHEIM, 3062 h. B.-Rhin, ar. Molsheim, ch-l. c. 464 k. Paris.
ROSSBRUCKEN, *V.* Rosbruck.
ROSSELANGE ou ROSELANGE (*Rosslingen*), 3036 h. Moselle, ar. Thionville-Ouest, c. Moyeuvre-Grande.
ROSSELLE, *V.* Petite et Grande Rosselle.
ROSSFELD, 686 h. B.-Rhin, ar. Erstein, c. Benfeld, 5 k.
ROSTEIG, 789 h. B.-Rhin, ar. Saverne, c. La Petite-Pierre, Wingen.
ROTH, c^e de Hambach, Moselle.
ROHT (LE), c^e de Erstein, B.-Rhin.
ROTH (*Rott*), 407 h. B.-Rhin, ar. c. Wissembourg, 3 k. 3.
ROTHAU, 1786 h. B.-Rhin, ar. Molsheim, c. Schirmeck.
ROTHBACH, 529 h. B.-Rhin, ar. Wissembourg, c. Niederbronn, Ingwiller, 6 k.
ROTHENDORF, *V.* Chateau-Rouge.
ROTHHAUSER, c^e de Phalsbourg, Moselle.
ROTHIG, c^e de Eckbolsheim, B.-Rhin.
ROTHSTEIN, c^e de Walscheid, Moselle.
ROTT, *V.* Roth et Rhodes
ROTTELSHEIM, 212 h. B.-Rhin, ar. Strasbourg-C., c. de Brumath, 3 k. 5.
ROTTENBUHL, c^e de Dabo, Moselle.
ROUFFACH (*Rufach*), 3785 h. H.-Rhin, ar. Guebwiller, ch.-l. c. 463 k. Paris.
ROUHLING (*Ruhlingen*), 480 h. Moselle, ar. c. Sarreguemines, Gros-Bliderstroff. Kleinblittersdorf (Sarre), 4 k.
ROUHN, c^e de Fouchy, B.-Rhin.
ROULETTE, c^e de Phalsbourg, Moselle.
ROUPELDANGE (*Ruplingen*), 208 h. Moselle, ar. c. Boulay, 3 k.
ROUSS, *V.* Russ.
ROUSSY-LE-VILLAGE (*Rullgen*), 913 h. Moselle, ar. Thionville-Est, c. Cattenom, Zoufftgen, 4 k.
ROZERIEULLES (*Roseringen*), 633 h. Moselle, ar. Metz-C., c. Gorze, Moulins-les-Metz, 2 k.
RUBENHEIM, 541 h. Sarre, ar. St-Ingbert, c. Blieskastel, Herbitzheim, Walsheim, 2 k.
RUEDERBACH (*Rüderbach*), 313 h. H.-Rhin, ar. Altkirch, c. Hirsingue, 4 k.
RUELISHEIM (*Rulisheim*), 767 h. H.-Rhin, ar. Mulhouse, c. Habsheim, Wittenheim, 2 k.
RUESSING (*Russingen*), 1405 h. Moselle, ar. Thionville-Ouest, c. Fontoy, Audun-le-Tiche.
RUESTENHART (*Rustenhart*), 601 h. H.-Rhin, ar. Guebwiller, c. Ensisheim, Hirtzfelden, tram. Oberhergheim, 6 k.
RUESTROFF, *V.* Rustroff.
RUFACH, *V.* Rouffach.
RUGY, c^e de Argancy, Moselle.
RUHLINGEN, *V.* Rouhling.
RULISHEIM, *V.* Ruelisheim.
RUMMELBACH, 72 h. Sarre, ar. Sarrelouis, c. Lebach.
RUMERSHEIM, 707 h. H.-Rhin, ar. Guebwiller, c. Ensisheim, Bantzenheim, 6 k.
RUMERSHEIM, 272 h. B.-Rhin, ar. Strasbourg-C., c. tram. Truchtersheim, 4 k. 4. Mittelhausen, Vendenheim, 6 k. 7.
RUNDEL, c^e de Monswiller, B.-Rhin.
RUNSCHE, c^e de Krüt, B.-Rhin.
RUNTZENHEIM (*Runzenheim*), 666 h. H.-Rhin, ar. Haguenau, c. Bischwiller.

RUPIGNY, c[e] de Charly, Moselle.
RUPLINGEN, V. ROUPELDANGE
RUPRECHTSAU, banlieue de Strasbourg, B.-Rhin.
RURANGE (*Rorchingen*), 288 h. Moselle, ar. Thionville-Est, c. Metzerwisse, Guénange-Haute, Hagondange, 7 k.
RUSDORF, V. RUSTROFF.
RUSS, 900 h. B.-Rhin, ar. Molsheim, c. Schirmeck, Russ-Hersbach.
RUSSANGE (*Ritzingen*), 246 h. Moselle, ar. Thionville-Est, Manderen, c. Sierck, 10 k.
RUSSINGEN, V. RUESSINGEN.
RUSTENHART, V. RUESTENHART.
RUSTROFF (*Rusdorf*), 508 h. Moselle, ar. Thionville-Est, c. Sierck, 1 k. 5.
RUTTGEN, V. ROUSSY-LE-VILLAGE.
RUXWEILER, V. ROCHONVILLERS.

S

SAALES (*Saal*), 1171 h. B.-Rhin, ar. Molsheim, ch.-l. c. 412 k. Paris.
SAARALBEN, V. SARRALBE.
SAARALTDORF, V. SARRALTROFF.
SAARBRUCKEN, V. SARREBRUCK.
SAAR-BUCKENHEIM, V. SAAR-UNION.
SAARBURG, V. SARREBOURG.
SAAREINSBERG, V. SARREINSBERG.
SAAREINSMINGEN, V. SARREINSMING.
SAARGUEMUND, V. SARREGUEMINES.
SAARHOLZBACH, 911 h. Sarre, ar. Merzig, c. Mettlach.
SAARLOUIS, V. SARRELOUIS.
SAAR-UNION ou BOUQUENOM (*Saar-Buckenheim*), 3131 h. B.-Rhin, ar. Saverne, ch.-l. c. 396 k. Paris.
SAARWELLINGEN, 859 h. tram. Sarre, ar. Sarrelouis, ch.-l. c. Fraulautern ou Nalbach.
SAARWERDEN (*Vieux*), 523 h. B.-Rhin, ar. Saverne, c. Saar-Union, 2 k
SAASENHEIM, 506 h. B.-Rhin, ar. Schlestadt, c. Marcholsheim, Sundhausen, 2 k.
SABLON (LE), 12000 h. ar. c. Metz-C., Moselle.
SABLONHOF, 24 h. c[e] de Forweiler, Sarre.
SACHSENHAUSEN, c[e] de Haguenau, B.-Rhin.
SAESSOLSHEIM (*Sassolsheim*). 590 h. B.-Rhin, ar. Strasbourg-C., c. Hochfelden, Duntzenheim, Wilwisheim, 6 k.
SAILLY (*Sallach*), 142 h. Moselle, ar. Metz-C., c. Verny, Solgne, Liocourt, 7 k. et Sécourt-Solgne, 3 k.
St-AMARIN, 2203 h. H.-Rhin, ar. Thann, ch.l. c. 450 k. Paris.
Ste-ANNE, c[e] de Iungholtz, H.-Rhin.
St-ARNNAL, 2588 h. incorporé à Sarrebrück, Sarre.
St-AVOLD, 6400 h. tram. Moselle, ar. Forbach, ch.-l. c. 359 k. Paris.
Ste-BARBARA (p. Wallerfangen), 381 h. Sarre, ar. Sarrelouis, c. Wallerfangen, 2 k.
Ste-BARBE (*Ste-Barbara*), 375 h. Moselle, ar. Metz-C., c. Vigy, Noisseville, Landouvillers, 7 k. 5 et Failly, 4 k. 3.
St-BERNARD (*S[t]-Bernhard*), 108 h. Moselle, ar. Boulay, c. Bouzonville, Eberswiller, Piblange, 2 k. 5.
S[t]-BLAISE-LA-ROCHE (POUTAY) (*Heiligblasien*), 206 h. B.-Rhin, ar. Molsheim, c. Saales.
S[t]-BLASIEN, c[e] de S[te]-Marie-aux-Mines, H.-Rhin.
S[t]-BENOIST, c[e] de Ars-s.-Moselle. Moselle.

St-CHARLES-HAUT, V. OBER-St-CHARLES.

St-COSME ou St-COME (*St-Cosman*), 51 h. H.-Rhin, ar. Altkirch, c. Dannemarie, 9 k. Traubach-le-Haut.

Ste-CROIX, ce de Forbach, Moselle.

Ste-CROIX-AUX-MINES (*Ste-Kreutz-i-Leberthal*), 3602 h. H.-Rhin, ar. Ribeauvillé, c. Ste-Marie-aux-Mines.

Ste-CROIX-EN-PLAINE (*Heilig-Kreuz*), 1354 h. tram. H.-Rhin, ar. c. Colmar.

St-EPVRE (*St-Erfferl*), 222 h. Moselle, ar. Château-Salins, c. Delme, Baudrecourt, 3 k.

St-FRANCOIS (*St-Franz*), 288 h. Moselle, ar. Boulay, c. Bouzonville, 10 k. Monneren.

St-FRANCOIS, ce de Thionville, Moselle.

St-GALLEN, ce de Marmoutier, B.-Rhin.

St-GANGOLPH, 37 h. ce de Besseringen, Sarre.

St-GEORGES (*St-Georg*), 287 h. Moselle, ar. Sarrebourg, c. Réchicourt-le-Château, Lorquin, Gondrexange, 3 k.

St-GERMAN, V. CHATEL-St-GERMAIN.

St-HIPPOLYTE (*St-Pill*), 1473 h. 2 k. 6, H.-Rhin, ar. c. Ribeauvillé.

St-HUBERT, 191 h. Moselle, ar. Metz-C., c. Vigy.

St-HUBERT, ce de Villers-Bettnach, Moselle.

St-INGBERT, 17278 h. Sarre, ch.-l. ar. c. Ligne Homburg-Sarrebrück.

St-JEAN, ce de Herny, Moselle.

St-JEAN-DE-BASSEL (*St-Johann, V. Basel*), 658 h. Moselle, ar. Sarrebourg, c. Fénétrange, Berthelming, 1 k. 5.

St-JEAN-DE-KOURTZERODE (*St-Johann-Kurzerode*), 105 h. Moselle, ar. Sarrebourg, c. Phalsbourg, Mittelbronn.

St-JEAN-DES-CHOUX (*St-Johann-b-Zabern*), 701 h. B.-Rhin, ar. c. Savene, 4 k.

St-JEAN-DE-RORBACH (*St-Johann's Rorbach*), 699 h. Moselle, ar. Forbach. c. Sarralbe, Farschwiller, 9 k.

St-JOHANN, 16778 h. incorporé à Sarrebruck, Sarre.

St-JULIEN-LES-METZ, 1826 h. Moselle, ar. c. Metz, 0 k. 8.

St-JURE (*St-Jurgen*), 297 h. Moselle, ar. Metz-C., c. Verny, Louvigny, 2 k. 6.

St-KREUZ-I-LIBERTHAL, V. Ste-CROIX-AUX-MINES.

St-LAURENT, ce de Audun-le-Tiche, Moselle.

St-LÉON (*Léonsberg*), ce de Walscheid, Moselle.

St-LÉGER (*St-Léodegar*), ce de Manspach, H.-Rhin.

St-LÉONHARD, ce de Boersch, B.-Rhin.

St-LOUIS (*St-Ludwig-b-Pfalzburg*), 951 h. Moselle, ar. Sarrebourg, c. Phalsbourg, Arschwiller, 1 k.

St-LOUIS (*St-Ludwig*), 5417 h. H.-Rhin, ar. Mulhouse, c. Huningue.

St-LOUIS (*Munzthal*), 915 h. Moselle, ar. Sarreguemines, c. Bitche.

St-LOUIS, ce de L'Hôpital, Moselle.

St-LUDWIG, V. St-LOUIS.

Ste-MARGARETH, ce de Monneren, Moselle.

Ste-MARIE-AUX-CHENES, 1690 h. Moselle, ar. c. Metz, Amanvillers, 5 k.

Ste-MARIE-AUX-MINES (*Markirch*), 11798 h. H.-Rhin, ar. Ribeauvillé, ch.-l. c. 418 h. Paris.

St-MARTIN, 377 h. B.-Rhin, ar. Schlestadt, c. Villé, 1 k. 5.

St-MARTINSBANN, V. BAN-St-MARTIN.

St-MAURICE (*St-Moritz*), 331 h. B.-Rhin, ar. Schlestadt, c. Villé, Thanvillé.

St-MÉDARD, 277 h. Moselle, ar. Château-Salins, c. Dieuze, 8 k. Mulcey.

St-MICHEL, ce de Charleville, Moselle.
St-MORAND, ce de Altkirch, H.-Rhin.
St-MORITZ, *V.* St-Maurice.
St-NABOR, 327 h. ⚕ ☎ 🚂. B.-Rhin, ar. Molsheim, c. Rosheim, ✉ Ottrott.
St-NICOLAS, 461 h. Sarre, ar. Sarrebrück, c. Ludweiler, ✉ ⚕ ☎ 🚂 Carlsbrunn.
Ste-ODILE ou ODILLE, ⚕ ☎. ce de Ottrott, B.-Rhin.
St-PAUL, ce de Ars-s.-Moselle, Moselle.
St-PETER, *V.* St-Pierre.
St-PETERHOLZ, *V.* St-Pierre-au-Bois.
St-PHILIPPE, ce de Ste-Marie-aux-Mines, H.-Rhin.
St-PIERRE (*St-Peter*), 323 h. ⚕ ☎. B.-Rhin, ar. Schlestadt, c. Barr, ✉ 🚂 Eichhoffen, 1 k. 5.
St-PIERRE, ce de Lucelle, H.-Rhin.
St-PIERRE, ce de Thionville, Moselle.
St-PIERRE-AU-BOIS (*St-Péterholz*), 717 h. ⚕ ☎. B.-Rhin, ar. Schlestadt, c. Villé, ✉ 🚂 Thanvillé, 2 k.
St-PILT, *V.* St-Hippolyte.
St-PRIVAT-LA-MONTAGNE, 830 h. ✉ ⚕ 🚂. Moselle, ar. c. Metz, 🚂 Amanvillers, 2 k.
St-PRIVAT, ce de Montigny-les-Metz, Moselle.
St-QUIRIN, 1029 h. ✉ ⚕ ☎ 🚂, 4 k. Moselle, ar. Sarrebourg, c. Lorquin.
St-REMY, ⚕ ☎. ce de Woippy, Moselle.
Ste-RUFFINE (*St-Ruffin*), 270 h. Moselle, ar. Metz-C., c. Gorze, ✉ ⚕ ☎ 🚂 Moulins-les-Metz, 1 k.
St-ULRICH (*St-Ulric*), 269 h. H.-Rhin, ar. Altkirch, c. Hirsingue, ✉ ⚕ ☎ 🚂 Dannemarie, 7 k.
St-WENDEL, 5239 h. ✉ ⚕ ☎ 🚂. Sarre, ch-l. ar. c. Ligne Bingerbrück-Neunkirchen.
SALCÉE (LA), ce de Ranrupt, B.-Rhin.
SALÉAUX, ce de Ley, Moselle.
SALENTHAL, 162 h. ⚕ ☎. B.-Rhin, ar. Saverne, c. ✉ 🚂 Marmoutier, 2 k.
SALIVAL, ce de Morville-les-Vic, Moselle.
SALLACH, *V.* Sailly.
SALMBACH, 749 h. ✉ ⚕ ☎ 🚂. B.-Rhin, ar. Wissembourg, c. Lauterbourg.
SALNACH, *V.* Saulny.
SALONNES (*Salzdorf*), 349 h. ⚕ ☎ 🚂. Moselle, ar. c. ✉ Château-Salins.
SALTZBRONN (*Salzbronn*), ce de Sarralbe, Moselle.
SALZERN, *V.* Saulxures.
SAND, 806 h. ⚕ ☎. B.-Rhin, ar. Erstein, c. ✉ 🚂 Benfeld, 2 k. 5.
SANDDORF, 312 h. ce de Homburg, Sarre.
SANDERSDORF, *V.* Sondersdorf.
SANDOZWILLER, ce de Cernay, H.-Rhin.
SANRY-LES-VIGY (*Sanringen-b-Winingen*), 261 h. ⚕ 🚂. Moselle, ar. Metz-C., c. ✉ ☎ Vigy.
SANRY-sur-NIED (*Sanringen-a-d-Nied*), 329 h. ✉ ⚕ ☎ 🚂. Moselle, ar. Metz-C., c. Pange.
SARBELINGEN, *V.* Zarbeling.
SARRALBE ou SARREALBE, (*Saaralben*), 3952 h. ✉ ⚕ ☎ 🚂. Moselle, ar. Forbach, ch.-l. c., 391 k. Paris.
SARRALTROFF (*Saaraltdorf*), 616 h. ✉ ⚕ ☎ 🚂. Moselle, ar. Sarrebourg, c. Fénétrange.
SARREBOURG (*Saarburg*), 10019 h. ✉ ⚕ ☎ 🚂. Moselle, ch.-l. ar. c. 390 k. Paris. Lignes Abreschwiller-Avricourt-Metz-Sarreguemines-Strasbourg-Walérysthal.
SARREBRUCK (*Saarbrucken*), (ville 19 670 h.) (100 000 avec les ces de Malstatt-Burbach-St-Arnual et St-Johann incorporées), ✉ ⚕ ☎ 🚂 tram, Sarre, ch.-l. ar. c. Lignes de Metz-Sarreguemines-Trèves-Cologne.
SARREGUEMINES (*Saargemund*), 15381 h. ✉ ⚕ ☎ 🚂. Moselle, ch.-l. ar. c. 393 k. Paris. Lignes de Béning-Metz-Chambrey-Haguenau-Sarrebourg-Sarrebrück-Strasbourg.
SARREINSBERG (*Saareins-*

berg), 1424 h. Moselle, ar. Sarreguemines, c. Bitche, ⊠ ⚲ ☎ Goetzenbruck, 🚂 Lemberg, 3 k.
SARREINSMING (*Saareinsmingen*), 958 h. ⊠ ⚲ ☎ 🚂. Moselle, ar. c. Sarreguemines.
SARRELOUIS (*Saarlouis*), 7368 h. ⊠ ⚲ ☎ 🚂. Sarre, ch-l. ar. c. Lignes de Ensdorf-Fraulautern-Sarrebrück-Trèves.
SARREUMON, *V.* SAAR-UNION.
SARREWELLINGEN, *V.* SAARWELLINGEN.
SASSOLSHEIM, *V.* SAESSOLSHEIM.
SAUERBREIHAUS, 35 h. c^e de Kohlhof, Sarre.
SAUERMICH, 31 h. c^e de Ottweiler, Sarre.
SAULNY (*Salnach*), 373 h. ⚲ ☎. Moselle, ar. c. Metz, ⊠ Lorry-les-Metz, 🚂 Woippy, 3 k. 5.
SAULXURES (*Salzern*), 670 h. ⊠ ⚲ ☎ 🚂. B.-Rhin, ar. Molsheim, c. Saales.
SAUSHEIM, 1398 h. ⊠ ⚲ ☎ 🚂 tram. H.-Rhin, ar. tram. Mulhouse c. Habsheim.
SAUVAGE, c^e de Ban-St-Martin, Moselle.
SAUVAS, c^e de Krut, B.-Rhin.
SAVERNE (*Zabern*), 9153 h. ⊠ ⚲ ☎ 🚂. B.-Rhin, ch.-l. ar. c. 416 k. Paris. Lignes d'Avricourt-Molsheim-Schlestadt-Rastatt-Strasbourg.
SCHAAFBRUCKE, 264 h. ⊠ ⚲ ☎ c^e. de Bischmisheim, Sarre.
SCHAFBRUKERMUHLE, 21 h. c^e de Ottweiler, Sarre.
SCHAEFFERHOF, ⊠ ⚲ ☎. c^e de Dabo, Moselle.
SCHAEFFERSHEIM (*Schaffersheim*), 500 h. ⚲ ☎ 🚂. B.-Rhin, ar. c. ⊠ Erstein et 🚂 Erstein-Ottrott.
SCHAFEREI, 34 h. c^e de Werbeln, Sarre.
SCHAFFHAUSEN, 428 h. ⚲ ☎. B.-Rhin, ar. Strasbourg-C., c. ⊠ 🚂 Hochfelden, 3 k.
SCHAFFHAUSEN, 1407 h. ⊠ ⚲ ☎. Sarre, ar. Sarrelouis, c. Differten, 🚂 Wadgassen, k.

SCHAFFHAUSEN, 400 h. B.-Rhin, ar. Wissembourg, c. ⊠ ☎ 🚂 Seltz, 2 k. 2.
SCHAFFNATT-a-WEIER, *V.* CHAVANNES-S.-L'ÉTANG.
SCHALBACH, 563 h. ⊠ ⚲ ☎. Moselle, ar. Sarrebourg, c. Fénétrange, 🚂 Siewiller, 4 k.
SCHALCKENDORF (*Schalkendorf*), 337 h. ⚲ ☎. B.-Rhin, ar. Saverne, c. Bouxwiller, ⊠ Ringendorf, 🚂 Obermodern, 3k.
SCHAPPACH (*Ingberlergrube*), avec Cristall. de Marienbad et Sulzbach, 1400 h. ⊠ ⚲ ☎. c^e 🚂 de St-Ingbert, Sarre.
SCHARRACHBERGHEIM, 577 h. ⊠ ⚲ ☎ 🚂. B.-Rhin, ar. Molsheim, c. Wasselonne.
SCHAUENBERG, c^e de Pfaffenheim, H.-Rhin.
SCHAUMBERGERHOF, 21 h. c^e de Tholey, Sarre.
SCHEIBENHARD, 396 h. ⚲ ☎ 🚂. B.-Rhin, ar. Wissembourg, ⊠ Lauterbourg.
SCHEIDERSHOF, 72 h. c^e de Scheidt, Sarre.
SCHEIDT, 1742 h. ⊠ ⚲ ☎ 🚂. Sarre, ar. Sarrebrück, c. Bischmisheim.
SCHEIDTERBERG, 128 h. c^e de Scheidt, Sarre.
SCHEIDTERHAMMER, 47 h. c^e de Scheidt, Sarre.
SCHEIDTERHUTTEN, 38 h. c^e de Scheidt, Sarre.
SCHELLENBACH, 200 h. c^e de Thalexweiler, Sarre.
SCHEMERICH, *V.* CHEMERY.
SCHENRIS, *V.* XANREY.
SCHERLENHEIM, 150 h. ⚲ ☎. B.-Rhin, ar. Strasbourg-C., c. ⊠ 🚂 Hochfelden, 3 k. 1.
SCHERSINGEN, *V.* CHÉRISEY.
SCHERRWILLER ou SCHERWILLER, 2411 h. ⊠ ⚲ ☎ 🚂. B.-Rhin, ar. c. Schlestadt.
SCHEUERLENHOF, c^e de Gundershoffen, B.-Rhin.
SCHEUERN (*Scheuren*), 288 h. ☎. Sarre, ar. Ottweiler, c. ⊠ ⚲ 🚂 Tholey, 6 k. et Limback, 5 k.
SCHEUERN (*Scheuren*), *V.* LAGRANGE.
SCHEUERWALD, c^e de Launstroff, Moselle.

SCHIERSTHAL, cᵉ de Meysenthal, Moselle.

SCHIFFWEILER, 6255 h. ⊠ Sarre, ar. Ottweiler, c. Stennweiler.

SCHILLERSDORF, 583 h. B.-Rhin, ar. Saverne, c. Bouxwiller, ⊠ Ingwiller, Obermodern, 4 k.

SCHILLICK, *V.* Schiltigheim.

SCHILTIGHEIM, 1676 h. ⊠ B.-Rhin, ar. Strasbourg, ch.-l. c. 453 k. Paris.

SCHIRHOFEN, *V.* Schirrhoffen.

SCHIRMECK, 1771 h. ⊠ B.-Rhin, ar. Molsheim, ch-l. c. 423 k. Paris.

SCHIRRHEIN ou SCHIRRHEIM, 1497 h. ⊠ B.-Rhin, ar. Haguenau, c. Bischwiller.

SCHIRRHOFFEN, 414 h. B.-Rhin, ar. Haguenau, c. Bischwiller, ⊠ Schirrhein, 1 k.

SCHLAFHAUSER-ALTENWALD, 133 h. cᵉ de Sulzbach, Sarre.

SCHLAVERIE, 226 h. cᵉ de Neunkirch, Sarre.

SCHLAWARY, cᵉ de Hirschland, B.-Rhin.

SCHLEITHAL, 1935 h. ⊠ B.-Rhin, ar. Wissembourg, c. Lauterbourg.

SCHLESTADT ou SÉLESTAT (*Schlettstadt*), 10604 h. ⊠ B.-Rhin, ch.-l. ar. c. 440 k. Paris. Lignes de Bâle-Sᵗᵉ-Marie-aux-Mines-Saverne-Strasbourg-Sundhausen.

SCHLIERBACH, 598 h. H.-Rhin, ar. Mulhouse, c. ⊠ Landser.

SCHLIFFELS, cᵉ de Felleringen, H.-Rhin.

SCHLOSS - HALBERG (Chât.), 34 h. cᵉ de Brebach, Sarre.

SCHLUCHT, cᵉ de Stosswihr, H.-Rhin.

SCHMITTWILLER, 377 h. Moselle, c. Rorbach, ⊠ Kalhausen, 7 k. ar. Sarreguemines.

SCHNECKENBUSCH, 266 h. Moselle, ar. c. Sarrebourg, 5 k. ⊠ Niederwiller.

SCHNEETHAL, cᵉ de Engenthal. B.-Rhin.

SCHNEIDERSHOF, 72 h. cᵉ de Scheidt, Sarre.

SCHNERSHEIM, 460 h. tram. 3 k. B.-Rhin, ar. Strasbourg-C., c. ⊠ Truchtersheim, 3 k.

SCHNIERLACH, *V.* Poutroye (La).

SCHOENAU (*Schonau*), 502 h. ⊠ B.-Rhin, ar. Schlestadt, c. Marckolsheim, tram. Sundhausen, 3 k.

SCHOENBOURG (*Schonburg*), 639 h. B.-Rhin, ar. Saverne, c. La Petite-Pierre, ⊠ Graufthal, 2 k.

SCHOENECK (*Schöneck*), cᵉ de Forbach, Moselle.

SCHOENENBOURG (*Schönenburg*), 512 h. B.-Rhin, ar. Wissembourg, c. Soultz-s.-Forêts, 3 k. ⊠ Hunspach.

SCHOENENSTEINBACH, cᵉ de Wittenheim, H.-Rhin

SCHÖLLEN, *V.* Chieulles.

SCHOLLHOFEN, *V.* Xocourt.

SCHONBERG-I-BREUSCHTAL, *V.* Belmont.

SCHONBURG, *V.* Schoenbourg.

SCHONECKEN, *V.* Schoenecken.

SCHONENBERG, *V.* Schoenenbourg.

SCHONGRUND, *V.* Bellefosse.

SCHOPPERTEN, 281 h. B.-Rhin, ar. Saverne, c. ⊠ Saar-Union.

SCHORBACH, 968 h. ⊠ Moselle, ar. Sarreguemines, c. Bitche, 6 k.

SCHRECKLINGEN, cᵉ de Heining, Moselle.

SCHRÉMANGE (*Schrémingen*), 1409 h. ⊠ Moselle, ar. Thionville-Ouest, c. Hayange, 2 k. 5.

SCHULZBACH, cᵉ de Orbey, H.-Rhin.

SCHURERZIEGELHUTTE, 35 h. cᵉ de Sᵗ-Ingbert, Sarre.

SCHWALBSHEIM, *V.* Schwobsheim.

SCHWABWILLER, 435 h. B.-Rhin, ar. Wissembourg, c. Soultz-s.-Forêts, ⊠ Surbourg.

SCHWALBACH, 2203 h. ⊠ ⚕ tram. Sarre, ar. Sarrelouis, ch.-l. c.
SCHWALBACHERMUHLE, 79 h. ce de Schwalbach, Sarre.
SCHWANGERBACH, ce de Reyerswiller, Moselle.
SCHWARTZBACH, ce de Russ, B.-Rhin.
SCHWARZENBACH, 244 h. ce de Beeden, Sarre.
SCHWARZENHOLZ, 1313 h. ⊠ ⚕ Sarre, ar. Sarrelouis, c. tram. Saarwellingen, Nalbach, 6 k.
SCHWEBWILLER, ce de Marmoutier, B.-Rhin.
SCHWEIGHOUSE, ce de Lautenbach, H.-Rhin.
SCHWEIGHOUSE, 512 h. ⚕ H.-Rhin, ar. Thann, c. Cernay, ⊠ Aspach-le-Bas et Aspach, 3 k.
SCHWEIGHOUSE, 1611 h. ⊠ ⚕ B.-Rhin, ar. c. Haguenau.
SCHWEIGHOF, ce de Lichtenberg, B.-Rhin.
SCHWEINHEIM, 758 h. B.-Rhin, ar. Saverne, ⊠ ⚕ Marmoutier.
SCHWEIX, ce de Guéblange, Moselle.
SCHWEIXINGEN, V. Xouaxange.
SCHWEMLINGEN, 697 h. ⊠ ⚕ Sarre, ar. Merzig, 6 k. c. Hilbringen et Mettlach, 3 k.
SCHWERDORFF, 500 h. ⚕ Moselle, ar. Boulay, c. Bouzonville, ⊠ Neunkirchen-les-Boulay, Guertling, 7 k.
SCHWEYEN, ⚕ Moselle, ar. Sarreguemines, c. Volmunster, ⊠ Breidenbach, Bitche, 15 k.
SCHWINDRATZHEIM, 1129 h. ⊠ ⚕ B.-Rhin, ar. Strasbourg-C., c. Hochfelden.
SCHWOBEN, 141 h. H.-Rhin, ar. c. Altkirch, 6 k. ⊠ ⚕ Tagsdorff.
SCHWOBSHEIM, 220 h. ⚕ B.-Rhin, ar. Schlestadt, 12 k. c. Marckolsheim, ⊠ Baldenheim, tram. Richtolsheim,

SCIERIES (LES), ce de Ribeauvillé, H.-Rhin.
SCY (SCY-CHAZELLES), (*Sigach*), 1332 h. Moselle, ar. c. Metz, ⊠ ⚕ Moulins-les-Metz, 1 k.
SECOURT (*Unterhofen*), 274 h. ⚕ Moselle, ar. Metz-C., c. Verny, ⊠ Solgne, Secourt-Solgne.
SEELBACH ou SELBACH, 110 h. ce de Niederwürzbach, Sarre.
SEEWEN (*Sewen*), 761 h. ⊠ ⚕ H.-Rhin, ar. Thann, c. Massevaux.
SEINGBOUSSE ou SEINGBOUSE (*Sengbusch*), 700 h. ⊠ ⚕ Moselle, ar. Forbach, c. St-Avold, Bening, 4 k.
SEL-AMMONIAC, ce de Boulay, Moselle.
SÉLESTAT, V. Schlestadt.
SELLERBACH, 482 h. Sarre, ar. Sarrebrück, ch.-l. c. ⊠ ⚕ Koln, Puttlingen, 2 k.
SELTZ (*Selz*), 1684 h. ⊠ ⚕ B.-Rhin, ar. Wissembourg ch-l. c. 486 k. Paris.
SELWEN-sur-HAHNEWALD, ce de Ormerswiller, Moselle.
SELZECK, V. Coin-s.-Seille.
SEMÉCOURT (*Sigmarshofen*), 245 h. ⚕ Moselle, ar. c. Metz, ⊠ Maizières, 5 k.
SENDENBACH, ce de Mühlbach, B.-Rhin.
SENGBUSCH, V. Seingbousse.
SENGSCHEID, 74 h. ce d'Ensheim, Sarre.
SENGEREN, ce de Lautenbach-Zell, H.-Rhin.
SENNHEIM, V. Cernay.
SENNORROY, ce de Norroy-le-Veneur, Moselle.
SENTHEIM (*Sennheim*), 1227 h. ⊠ ⚕ H.-Rhin, ar. Thann, c. Massevaux.
SENTZICH, 486 h. Moselle, ar. Thionville-Est, c. ⊠ ⚕ Cattenom.
SEPPOIS-LE-BAS (*Niedersepf*), 726 h. ⊠ ⚕ H.-Rhin, ar. Altkirch, c. Hirsingue.
SEPPOIS-LE-HAUT (*Obersepf*), 339 h. H-Rhin, ar. Altkirch, c. Hirsingue, ⊠ ⚕ Seppois-le-Bas, 1 k.

SERMERSHEIM, 801 h. B.-Rhin, ar. Erstein, c. Benfeld, ⊠ Kogenheim, 1 k.
SERVIGNY - LES - RAVILLE (*Silbernachen*), 1531 h. ar. Metz-C., c. Pange, ⊠ Courcelles-Chaussy, Courcelles-Urville, 6 k.
SERVIGNY - LES - Ste -BARBE (*Servingen*), 258 h. Moselle, ar. Metz-C., c. Vigy, ⊠ Noisseville, Nouilly, 2 k. 5 et Metz 10 k.
SESSENHEIM (*Sesenheim*), 979 h. ⊠ B.-Rhin, ar. Haguenau, c. Bischwiller.
SETTINGEN, *V.* ZETTING.
SEUTY, ce de Herny, Moselle.
SEVEN, *V.* SEEWEN.
SEYWEILER, 200 h. Sarre, ar. c. Deux-Ponts, 13 k. ⊠ Altheim.
SICKERT, 299 h. H.-Rhin, ar. Thann, c. ⊠ Massevaux.
SIEGEN, 546 h. B.-Rhin, ar. Wissembourg, c. Seltz, ⊠ Trimbach, Salmbach, 3 k.
SIERCK, 1338 h. ⊠ Moselle, ar. Thionville - Est, ch.-l. c. 355 k. Paris.
SIÉRENTZ (*Siérenz*), 1417 h. ⊠ H.-Rhin, ar. Mulhouse, c. Landser.
SIERSDORF, 353 h. Sarre, ar. Sarrelouis, c. ⊠ Rehlingen, Büren, 1 k.
SIERSTHAL, 857 h. Moselle, ar. Sarreguemines, c. Rorbach, ⊠ Petit-Redercbing, 4 k. 3 et Echenberg, 3 k.
SIEWILLER, 496 h. B.-Rhin, ar. Saverne, c. ⊠ Drulingen.
SIGACH, *V.* SEY.
SIGMARSHOFEN, *V.* SEMÉCOURT.
SIGOLSHEIM, 870 h. ⊠ H.-Rhin, ar. Ribeauvillé, c. Kaysersberg.
SILBERNACHEN, *V.* SERVIGNY-LES-RAVILLE.
SILLEGNY (*Sillningen*), 299 h. ⊠ Moselle, ar. Metz-C., c. Verny, Coin-Sillegny et Pommérieux-Verny, 3 k.
SILLERS, *V.* SILLY-S.-NIED.
SILLY-EN-SAULNOIS (*Sillingen*), 47 h. Moselle, ar. Metz-C., c. Verny, 5 k. ⊠ Solgne.
SILLY-s.-NIED (*Sillers*), 213 h. Moselle, ar. Metz-C., c. Pange, ⊠ Courcelles, 3 k.
SILNINGEN, *V.* SILLEGNY.
SILTZHEIM (*Silzheim*), 505 h. B.-Rhin, ar. Saverne, c. Saar-Union, ⊠ Hambach, 4 k. et Wittring.
SILVINGEN, 234 h. Sarre, ar. Merzig, 3 k. c. ⊠ Hilbringen.
SIMMINGEN, ce de Rodemack, Moselle.
SINDELSBERG, ce de Marmoutier, B.-Rhin.
SINGLING, ce de Gros-Réderching, Moselle.
SINGRIST, 289 h. B.-Rhin, ar. Saverne, c. ⊠ tier, 3 k.
SINNERTHAL, 553 h. ce de Neunkirchen, Sarre.
SITIFORT, ce de Harreberg, Moselle.
SOETRICH (*Sötrich*), ce de Hettange-la-Grande, Moselle.
SOLBACH, 145 h. B.-Rhin, ar. Molsheim, c. Schirmeck, ⊠ Fouday, 3 k.
SOLDATENTHAL, ce de Abreschwiller, Moselle.
SOLGEN, *V.* SOLGNE.
SOLGNE, 403 h. ⊠ Moselle, ar. Metz-C., c. Verny.
SONDERNACH, 1144 h. ⊠ H.-Rhin, ar. Colmar, c. Munster, Metzeral, 1 k. 5.
SONDERSDORFF, 335 h. H.-Rhin, ar. Altkirch, c. c. ⊠ Ferrette, 4 k. 2.
SOPPE-LE-BAS (*Niedersulzbach*), 443 h. ⊠ H.-Rhin, ar. Thann, c. Massevaux, Burnhaupt-le-Haut, 5 k. et Guewenheim, 4 k.
SOPPE-LE-HAUT (*Obersulzbach*), 436 h. H.-Rhin, ar. Thann, c. Massevaux, ⊠ Sentheim, 3 k. 5.
SORBACH, *V.* SORBEY.
SORBEY, 221 h. Moselle, ar. Metz-C., c. Pange, ⊠ Courcelles-s.-Nied, 3 k.

SOTZELING, 63 h. Moselle, ar. c. Château-Salins, ⊠ ⊩ ☎ 🚂 Hampont, 5 k.
SOTZWEILER, 772 h. ☎. Sarre ar. Ottweiler, c. ⊠ ⊩ 🚂 Tholey, 3 k.
SOUCHT (*Sucht*), 1066 h. 🚂. Moselle, ar. Sarreguemines, c. Rorbach, ⊠ ⊩ ☎ Meisenthal, 12 k.
SOUFFELWEYERSHEIM, 1212 h. ⊠ ⊩ ☎. B.-Rhin, ar. Strasbourg-C., c. Schiltigheim 🚂 Mundolsheim, 2 k.
SOUFFLENHEIM ou SOUFFELHEIM, 3162 h. ⊠ ⊩ ☎ 🚂. B.-Rhin, ar. Haguenau, c. Bischwiller.
SOUFTGEN ou SOUFFTGEN, *V.* Zoufftgen.
SOULTZ (*Sulz*), 4852 h. ⊠ ⊩ ☎ 🚂. H.-Rhin, ar. Guebwiller, ch.-l. c. à 617 k. Paris.
SOULTZBACH (*Sulzbach*), 646 h. ⊠ ⊩ ☎ H.-Rhin, ar. Colmar c. Munster, 🚂 Wihr-au-Val.
SOULTZ-LES-BAINS (*Sulzbad*), 679 h. ⊠ ⊩ ☎ 🚂 B.-Rhin, ar. c. Molsheim.
SOULTZMATT (*Sulzmatt*), 2533 h ⊠ ⊩ ☎ H.-Rhin, ar. Guebwiller, c. 🚂 Rouffach, 8 k.
SOULTZ-sous-FORETS (*Sulz-u-Wald*), 1515 h. ⊠ ⊩ ☎ 🚂 B.-Rhin, ar. Wissembourg, ch.-l. c. 469 k. Paris.
SPACHBACH, cᵉ de Oberdorff, B.-Rhin.
SPANGEN, *V.* Pange.
SPARSBACH, 287 h. ⊩ ☎ B.-Rhin, ar. Saverne, c. La Petite-Pierre, ⊠ Weinbourg, Ingwiller, 5 k. 6.
SPECHBACH-LE-BAS (*Niederspechbach*), 433 h. ⊠ ⊩ ☎ H.-Rhin, ar. c. Altkirch, 🚂 Illfurth, 4 k.
SPECHBACH-LE-HAUT (*Oberspechbach*), 375 h. ⊩ ☎ H.-Rhin, ar. c. Altkirch, ⊠ Spechbach-le-Bas, 🚂 Illfurth, 5 k. 6.
SPERBERBAECHEL, cᵉ de Hohwald.
SPICKEREN (*Spichern-Spei,-chern*), 1028 h. ⊠ ⊩ ☎ Moselle, ar. c. 🚂 Forbach, 4 k.
SPIESEN, 3588 h. ⊠ ⊩ ☎ Sarre, ar. Ottweiler, c. 🚂 Neunkirchen, 5 k.
SPITTEL, *V.* Hopital et Hopital Puits-Neuf.
SPRENGEN, 381 h. Sarre, ar. Sarrelouis, c. ⊠ ⊩ ☎ tram. Schwalbach, 2 k. 5, 🚂 Griesborn, 4 k.
STAFFELFELDEN, 253 h. H.-Rhin, ar. Thann, c. Cernay, ⊠ ⊩ ☎ 🚂 Bollwiller, 4 k. 5.
STAHLEM (*Stahlheim*), 4194 h. ⊠ ⊩ ☎ Moselle, ar. c. Metz-C., 🚂 Gandrange.
STAMBACH, 🚂 cᵉ de Haegen, B.-Rhin.
STAMPASMONT ou STAMPOUMONT, cᵉ de Ranrupt, B.-Rhin, ⊠ ⊩ ☎ 🚂 Bourg-Bruche.
STANGENMUHLE, 66 h. cᵉ de Gersweiler, Sarre.
STANGENMUHL, 70 h. cᵉ de Fürstenhausen, Sarre.
STATTMATTEN, 419 h. ⊩ ☎ ar. Haguenau, c. Bischwiller, ⊠ 🚂 Sessenheim, 1 k.
STAUDT, 169 h. cᵉ de Schwemlingen, Sarre.
STEIGE, 896 h. ⊠ ⊩ ☎ B.-Rhin, ar. Schlestadt, c. 🚂 Villé, 5 k. 5.
STEINBACH, 522 h. ☎ Sarre, ar. c. ⊠ ⊩ 🚂 Sᵗ-Wendel, 10 k.
STEINBACH, 720 h. ☎ Sarre, ar. 🚂 Ottweiler, 2 k. 5, c. Eppelborn, ⊠ ⊩ Thalexweiler.
STEINBACH, cᵉ de Remelfing, Moselle.
STEINBACH, cᵉ de Russ, B.-Rhin.
STEINBACH, cᵉ de Sarreguemines, Moselle.
STEINBACH, cᵉ de Guéblange, Moselle.
STEINBACH, 825 h. ⊠ ⊩ ☎. H.-Rhin, ar. Thann, c. 🚂 Cernay, 4 k. 1.
STEINBIEDERSDORF, *V.* Pont-Pierre.
STEINBOURG, 1540 h. ⊠ ⊩ ☎ 🚂. B.-Rhin, ar. c. Saverne.
STEINBRUNN-LE-BAS (*Niedersteinbrunn*), 694 h. ⊩ ☎ H.-Rhin, ar. Mulhouse, c. ⊠ Landser, 🚂 Habsheim, 8 k.
STEINBRUNN-le-HAUT (*Obersteinbrunn*), 650 h. ⊩ ☎. H.-Rhin, ar. Mulhouse, c. ⊠ Landser, 🚂 Zillisheim et Habsheim, 8 k.

STEINERTSHAUS, 43 h. dépend. de Gennweiler, c^e de Illingen, Sarre.
STEINSELTZ, 466 h. B.-Rhin, ar. c. Wissembourg, 5 k. et Riedseltz, 2 k. 2.
STEINSOULTZ (*Steinsulz*), 482 h. H.-Rhin, ar. Altkirch, c. Hirsingue, Roppentzwiller, Waldighoffen, 2 k.
STEINTHAL, *V.* BAN-DE-LA-ROCHE.
STEMLESBERG, c^e de Breitenbach, H.-Rhin.
STENNWEILER, 773 h. Sarre, ar. Ottweiler, ch.-l. c. Schiffweiler, 3 k.
STEPHANSFELD, tram. c^e de Brumath, B.-Rhin.
STERNENBERG, 116 h. H.-Rhin. ar. Altkirch, c. Dannemarie, Niedersoultzbach, Burnhaupt-le-Haut, 7 k.
STETTEN, 283 h. H.-Rhin, ar. Mulhouse, c. Landser, Bartenheim, 4 k. 5.
STICHMUHL, c^e de Kembs, H.-Rhin.
STILL, 1247 B.-Rhin, ar. c. Molsheim, Gresswiller, 3 k. 1.
STIRING-WENDEL (*Stiering-Wendel*), 4751 h. tram. Moselle, ar. c. Forbach, *V.* ALT-STIRING.
STOCKBRONN, c^e de Bitche, Moselle.
STOEKER, c^e de Mühlbach, H.-Rhin.
STOCKFELD, banl. de Strasbourg, B.-Rhin.
STOEKEN, c^e de Massevaux, H.-Rhin.
STONCOURT (*Stondorf*), *V.* VILLERS-STONCOURT.
STORCKENSOHN (*Storkensauen*), 353 h. H.-Rhin, ar. Thann, c. St-Amarin, Wesserling, 3 k.
STOSSWIHR (*Stossweier*), 1780 h. H.-Rhin, ar. Colmar, c. Munster, 2 k.
STOTZHEIM, 1209 h. B.-Rhin, ar. Schlestadt, c. Benfeld, Barr, 3 k. et Eichhoffen, 3 k.

STRASBOURG, 17889 h. tram.-Capitale de l'Alsace et de la Lorraine, ch.-l. du dép. du Bas-Rhin (8 cantons) à 458 k. de Paris. Lignes de Appenwihr-Avricourt-Bâle-Lauterbourg - Luxembourg - Marckolsheim - Metz - Obermodern-Paris-Sarreguemines-Saales - Truchtersheim - Wissembourg-Westhoffen.
STRUETH (*Strüth*), 287 h. H.-Rhin, ar. Altkirch, c. Hirsingue, Friessen, Dannemarie, 6 k.
STRUTH (*Strüth*), 480 h. B.-Rhin, ar. Saverne, c. La Petite-Pierre, Tieffenbach, 2 k.
STRUTH, c^e de Kirchberg, H.-Rhin.
STUCKANGE, c^e de Distroff, Moselle.
STUCKANGE, c^e de Kuntzig, Moselle.
STUNDWILLER, 368 h. B.-Rhin, ar. Wissembourg, c. Seltz, Hatten, 3 k.
STURZELBRONN, 301 h. Moselle, ar. Sarreguemines Bitche, 10 k, ou Philippsbourg, 10 k.
STUTZHEIM, 313 h. tram. B.-Rhin, ar. Strasbourg-C., c. Truchtersheim, Wiwersheim.
STYRING-VENDEL *V.* STIRING.
SUCHT, *V.* SOUCHT.
SUFFERWEYERSHEIM, *V.* Souffelweyersheim.
SUFFLENHEIM, *V.* SOUFFLENHEIM.
SUFTGEN, *V.* ZOUFFTGEN.
SUISSE (BASSE et HAUTE), (*Sülzen*), 151 h. Moselle, ar. Forbach, c. Gros Tenquin, Brulange, 3 k.
SULZ, *V.* SOULTZ.
SULZBACH, *V.* SOULTZBACH.
SULZBACH, 13274 h. Sarre, ar. Sarrebrück, ch.-l. c.
SULZBACH, c^e de St-Ingbert, Sarre, *V.* SCHNAPPACH.
SULZBAD, *V.* SOULTZ-LES-BAINS.
SULZEN, *V.* SUISSE.
SULTZEREN (*Sülzern*), 1380 h.

⊠ ⚲ 🚂 H.-Rhin, ar. Colmar, c. 🚉 Munster, 4 k.
SULZMATT, V. SOULTZMATT.
SULTZ-u-WALD, V. SOULTZ-s.-FORETS.
SUNDHAUSEN, 1203 h. ⊠ ⚲ 🚂 🚉 tram. B.-Rhin, ar. Schlestadt, c. Marckolsheim.
SUNDHOFFEN (*Sundhofen*), 861 h. ⊠ ⚲ 🚂 🚉. H.-Rhin, ar. Colmar, c. Andolsheim.
SURBOURG, 1313 h. ⊠ ⚲ 🚂 🚉. B.-Rhin, ar. Wissembourg, c. Soultz-s.-Forêts.
SUZANGE, c[e] de Schrémange, Moselle.

T

TAGOLSHEIM, 368 h. 🚉. H.-Rhin, ar. c. Altkirch, ⊠ ⚲ 🚂 Illfurth.
TAGSDORFF, 239 h. ⊠ ⚲ 🚂 H.-Rhin, ar. c. 🚉 Altkirch, 5 k. 5.
TAICHENPHUL, V. TARQUINPOL.
TALANGE (*Talingen*), 451 h. ⚲ 🚂. Moselle, ar. c. Metz, ⊠ 🚉 Hagondange, 2 k. 5.
TANNACH, c[e] de Orbey, H.-Rhin.
TARQUINPOL (*Taichenphul*), 141 h. Moselle, ar. Château-Salins, c. Dieuze, ⊠ ⚲ 🚂 🚉 Gélucourt, 2 k.
TEMPELHOF, c[e] de Bergheim, H.-Rhin.
TENNSCHEN, V. ETANGS (LES),
TENTELING, 495 h. Moselle, ar. c. Forbach, ⊠ ⚲ 🚂 🚉 Dibling, 2 k. 5.
TERVILLE (*Terwen*), 1120 h. ⊠ ⚲ 🚂. Moselle, ar. c. 🚉 Thionville-Est, 3 k.
TÉTERCHEN (*Téterghen*), 661 h. ⊠ ⚲ 🚂 🚉. Moselle, ar. c. Boulay.
TÉTING, 631 h. ⊠ ⚲ 🚂 🚉. Moselle, ar. Boulay, c. Faulquemont.
THAL-LES-DRULINGEN, 371 h. B.-Rhin, ar. Saverne, c. Drulingen, ⊠ ⚲ 🚂 Berg, 🚉 Diemeringen, 5 k
THAL-LES-MARMOUTIER (*Thal-b-Maursmunster*), 580 h. ⚲ 🚂. B.-Rhin, ar. Saverne, c. Marmoutier, ⊠ 🚉 Ottersweiler, 2 k. 5.
THALEXWEILER, 658 h. ⊠ ⚲ 🚂. Sarre, ar. Ottweiler, c. 🚉 Eppelborn, 5 k.
THANN, 7413 h. ⊠ ⚲ 🚂 🚉. H.-Rhin, ch.-l. ar. c. 460 k. Paris.
THANNENKIRCH, 732 h. ⊠ ⚲ 🚂. H.-Rhin, ar. c. 🚉 Ribeauvillé, 8 k.
THANVILLÉ ou THANNVILLÉ (*Thannweiler*), 346 h. ⊠ ⚲ 🚂 🚉. B.-Rhin, ar. Schlestadt, c. Villé.
THÉDING, 648 h. ⚲ 🚂 Moselle, ar. c. Forbach, ⊠ 🚉 Cocheren, 3 k. et 🚉 Farebersviller, 3 k. 5.
THELEY, 1383 h. ⊠ ⚲ 🚂 Sarre, ar. Ottweiler, c. 🚉 Tholey, 3 k.
THÉLEYZIEGELHUTTE, 43 h. c[e] de Theley, Sarre.
THIÉCOURT ou THICOURT (*Diedersdorf*), 247 h. Moselle, ar. Boulay, c. Faulquemont, ⊠ ⚲ 🚂 🚉 Brulange, 2 k. 5.
THIERENBACH, c[e] de Iungholtz, H.-Rhin.
THIMMENHEIM, V. THIMONVILLE.
THIMONVILLE, 260 h. ⚲ 🚂 Moselle, ar. Metz-C., c. Pange, ⊠ 🚉 Remilly, 7 k. et 🚉 Baudrecourt, 6 k. 7.
THIONVILLE (*Diedenhofen*), 14.181 h. ⊠ ⚲ 🚂 🚉 Moselle, ch.-l. ar. c. 336 k. Paris. Lignes d'Algrange-Coblentz-Fontoy-Audun-le-Tiche-Luxembourg-Metz-Mondorff-Teterchen-Voelfling.
THIONVILLE-St-FRANÇOIS, ⊠ ⚲ 🚂, dép. de Thionville, Moselle.
THOLEY, 1173 h. ⊠ ⚲ 🚂 🚉 Sarre, ar. Ottweiler, ch.-l. c.
THONVILLE (*Obersdorf*), 129 h. Moselle, ar. Boulay, c. Faulquemont, ⊠ ⚲ 🚂 🚉 Brulange, 3 k.
TIEFFENBACH, c[e] de Breitenbach, H.-Rhin.
TIEFFENBACH, 523 h. ⊠ ⚲ 🚂 🚉 B.-Rhin, ar. Saverne, c. La Petite-Pierre.

TINCRY (*Dinkrich*), 301 h. Moselle, ar. Château-Salins, ⊠ Delme, 2 k. 5.
TODTENBERGER, c^e de Adamswiller, B.-Rhin.
TORCHEVILLE (*Dorsweiler*), 258 h. Moselle, ar. Château-Salins, c. ⊠ Nebing, 4 k.
TRAENHEIM (*Tranheim*), 493 h. B.-Rhin, ar. Molsheim, c. Wasselonne, ⊠ Westhoffen.
TRAGNY (*Tranach*), 157 h. Moselle, ar. Metz-C., c. Pange, ⊠ Remilly, 7 k.
TRAUBACH-LE-BAS (*Niedertraubach*), 453 h. H.-Rhin, ar. Altkirch, c. Dannemarie, 5 k. ⊠ Traubach-le-Haut.
TRAUBACH-LE-HAUT (*Obertraubach*), 457 h. ⊠ H.-Rhin, ar. Altkirch, c. Dannemarie, 4 k.
TREMERY (*Trémerchen*), 266 h. Moselle, ar. Metz-C., c. Vigy, ⊠ Ay-s.-Moselle, Hagondange, 5 k. 7.
TRESSANGE (*Tressingen*), 492 h. Moselle, ar. Thionville-Ouest, c. Fontoy, ⊠ Aumetz, 2 k. Boulange, 2 k. 5.
TRIEMBACH, 463 h. ⊠ B.-Rhin, ar. Schlestadt, c. Villé.
TRIGNOMONT, c^e de Plappeville Moselle.
TRIMBACH, 550 h. ⊠ B.-Rhin, ar Wissembourg, c. Seltz, Niederroedern, 5 k.
TRITTELING, 238 h. tram. Moselle, ar. Boulay, c. Faulquemont, 5 k. ⊠ Tetting et Turkheim.
TROIS-ÉPIS (*Drei-Aehren*), ⊠ dép. de Turckheim, H.-Rhin.
TROIS-FONTAINES (*Dreibrunnen*), 1335 h. Moselle, ar. c. Sarrebourg, ⊠ Vallérysthal.
TROIS-MOULINS, c^e de Lorry-les-Metz, Moselle.
TROMBORN, 400 h. Moselle, ar. Boulay, c. Bouzonville, ⊠ Téterchen, Bretten, 1 k. 5.
TRUCHTERSHEIM, 675 h. ⊠ tram. B.-Rhin, ar. Strasbourg-C., ch.-l. c. 469 k. Paris.
TSCHAR, c^e de Oderen, H.-Rhin.
TSCHIFFLICK, c^e de Deux-Ponts, Sarre.
TUILERIE (LA), c^e. de Sailly, Moselle.
TUNTINGEN, c^e de Manderen, Moselle.
TURCKHEIM, 2522 h. ⊠ tram. H.-Rhin, ar. Colmar, c. Wintzenheim.
TURQUESTEIN (*Türkstein*), 94 h. Moselle, ar. Sarrebourg, c. Lorquin, ⊠ St-Quirin, Vasperviller-St-Quirin, 11 k.

U

UBERHOFEN, *V.* UEBERHOFEN.
UBERKUMEN, *V.* UEBERKUMEN.
UBERROTH, *V.* UEBERROTH.
UCHTELFANGEN-KAISEN, 2037 h. ⊠ Sarre, ar. Ottweiler, ch.-l. c. Illingen, 2 k.
UCKANGE (*Ueckingen*), 2420 h. ⊠ Moselle, ar. Thionville-Ouest, c. Hayange.
UDERN, *V.* OUDREN.
UEBERACH (*Uberach*), 783 h. B.-Rhin, ar. Haguenau, c. Niederbronn, ⊠ Pfaffenhoffen, 1 k.
UEBERHERRN, 879 h. ⊠ Sarre, ar. Sarrelouis, c. Bérus.
UEBERHOFEN, 313 h. tram. Sarre, ar. Sarrebrück, c. Sellerbach, ⊠ Guichenbach, Püttlingen, 4 k.
UEBERKINGER, c^e de Kappelkinger, Moselle.
UEBERKUHMEN, 198 h. H.-Rhin, ar. Altkirch, c. Dannemarie, 5 k. 7 ⊠ Balschwiller.
UEBERROTH-NIEDERHOFEN. 265 h. Sarre, ar. Ottweiler, c. Tholey, ⊠ Tholey, Limbach, 5 k.
UEBERSTRASS, 277 h. H.-Rhin,

ar. Altkirch, c. Hirsingue, Seppois-le-Bas, Hirtzbach, 8 k.
UECKINGEN, *V.* UCKANGE.
UFFHEIM, 553 h. H.-Rhin, ar. Mulhouse, c. Landser, Slérentz, 1 k. 5.
UFFHOLTZ, 1418 h. H.-Rhin, ar. Thann, c. Cernay, 2 k.
UHLWILLER, 729 h. B.-Rhin, ar. c. Haguenau, Dauendorf, Neubourg, 3 k.
UHRWILLER, 818 h. B.-Rhin, ar. Haguenau, c. Niederbronn, Pfaffenhoffen, 6 k.
UNGERSHEIM, 817 h. tram. H.-Rhin, ar. Guebwiller, c. Soultz.
UNTERBARWEILER, *V.* BARVILLE-BAS.
UNTERHOFEN, *V.* SÉCOURT.
UNTERHUTTEN, c[e] de Orbey, H.-Rhin.
UNTERMUHLTHAL, c[e] de Baerenthal, Moselle.
UNTERSCHMELZ, 68 h. c[e] Niedermunkirchen, Sarre.
UNTERURBEIS, c[e] de Orbey, H.-Rhin.
UNTERZELL, c[e] de la Baroche, H.-Rhin.
URBACH, *V.* FOUDAY.
URBACH, *V.* FRÉLAND.
URBACH, c[e] de Epping, Moselle.
URBAY, *V.* URBÈS.
URBEIS, 582 h. B.-Rhin, ar. Schlestadt, c. Villé, 7 k.
URBEIS, *V.* ORBEY.
URBÈS (*Urbis*), 800 h. H.-Rhin, ar. Thann, c. St-Amarin, Wesserling, 3 k.
UREXWEILER, 1504 h. Sarre, ar. St-Wendel, c. Alsweiler, Oberlinxweiler, 6 k.
URMATT, 891 h. B.-Rhin, ar. c. Molsheim.
URSCHENHEIM, 353 h. H.-Rhin, ar. Colmar, c. Andolsheim, Muntzenheim, 2 k. 3.
URSELBACH, c[e] de Forbach, Moselle.
URSPRUNG, c[e] de Riquewihr, H.-Rhin.
URWEILER, 835 h. Sarre, ar. S[t]-Wendel 2 k. c. Oberkirchen.
UTTENHEIM, 450 h. B.-Rhin, ar. c. Erstein, Matzenheim, 2 k.
UTTENHOFFEN (*Uttenhofen*), 158 h. B.-Rhin, ar. Haguenau, c. Niederbronn Gundershoffen, Mietesheim, 1 k. 2.
UTTWILLER (*Uttweiler*), 252 h. B.-Rhin, ar. Saverne, c. Bouxwiller, Menchhoffen, 1 k. 5.
UTWEILER, 104 h. Sarre, ar. c. Deux-Ponts, 16 k. Medelsheim.

V

VAHL (*Wahl*), 246 h. Moselle, ar. Château-Salins, c. Albestroff, Benestroff, 3 k.
VAHL-EBERSING, 398 h. Moselle, ar. Forbach, c. Gros-Tenquin, Lixing, St-Avold, 5 k.
VAHL-LES-FAULQUEMONT (*Wahlen*), 288 h. Moselle, ar. Boulay, c. Faulquemont, 2 k. 8.
VALDIEU (*Gottesthal*), 120 h. H.-Rhin, ar. Altkirch, c. Dannemarie, Montreux-Vieux.
VALDWISSE, *V.* WALDWISSE.
VALETTE, c[e] de Host-Haut, Moselle.
VALFF (*Walf*), 1139 h. B.-Rhin, ar. Erstein, c. Obernai, Goxwiller, 3 k. 5.
VALLERANGE (*Walleringen*), 374 h. Moselle, ar. Forbach, c. Gros-Tenquin, Morhange, 3 k.
VALLÉRYSTHAL, 410 h. Moselle, c[e] de Trois-Fontaines, ar. c. Sarrebourg.
VALLIÈRES (*Wallern*), 912 h. Moselle, ar. c. Metz, 4 k. et Vantoux-Vallières, 1 k. 5.
VALMONT (*Walmen*). 958 h.

. Moselle, ar. Forbach, c. St-Avold, 3 k.

VALMUNSTER, 122 h. Moselle, ar. c. Boulay, Téterchen, 4 k.

VALTEMBOURG (*Waldenburg*) 105 h. Moselle, ar. Sarrebourg, c. Phalsbourg, 5 k. Mittelbronn.

VANCELLE (LA) (*Wanzel*), cᵉ de Châtenois, B.-Rhin.

VANNECOURT (*Warnhofen*), 246 h. Moselle, ar. c. Château-Salins, Hampont, 5 k.

VANTOUX (*Wanten*), 420 h. Moselle, ar. c. Metz, Vallières.

VANY (*Warningen*), 165 h. Moselle, ar. c. Metz, St-Julien, Failly, 2 k.

VAQUENOUX, cᵉ de la Broque, B.-Rhin, Schirmeck.

VARIZE (*Walbelskirchen*), 307 h. Moselle, ar. c. Boulay. Condé Northen, 3 k.

VARSBERG, 569 h. Moselle, ar. c. Boulay, Ham-sous-Varsberg, Creutzwald-la-Croix, 6 k.

VASPERVILLER (*Wasperweiler*), 267 h. . Moselle, ar. Sarrebourg, c. Lorquin, Abreschwiller.

VATIMONT (*Wallersberg*), 467 h. Moselle, ar. Boulay, c. Faulquemont, Baurecourt, 1 k. 5.

VAUCREMONT, cᵉ de Bazoncourt, Moselle.

VAUDONCOURT (*Wieblingen*), 200 h. Moselle, ar. Metz-C., c. Pange, Courcelles Chaussy, 5 k.

VAUDRECHING (*Wallerchen*), 338 h. Moselle, ar. Boulay, c. Bouzonville, 1 k.

VAUX (*Wals*), 505 h. Moselle, ar. Metz-C., c. Gorze, Moulins, 3 k.

VAXY (*Wastingen*), 309 h. Moselle, ar. c. Château-Salins, 6 k.

VECKERSWILLER (*Weckersweiler*), 459 h. Moselle, ar. Sarrebourg, c. Fénétrange, Schalbach, Siewiller, 3 k.

VEISCHEIM, V. VESCHEIM.

VELVING (*Welvingen*), 233 h. Moselle, ar. c. Boulay, Téterchen, 3 k. 5.

VENDENHEIM, 1554 h. . B.-Rhin, ar. Strasbourg-C., c. Brumath.

VERGAVILLE (*Wirtsdorf*), 814 h. . Moselle, ar. Château-Salins, c. Dieuze.

VERICH, V. VRY.

VERNÉVILLE (*Wernheim*), 487 h. . Moselle, ar. Metz-C., c. Gorze, Amanvillers, 4 k.

VERNY (*Werningen*), 573 h. Moselle, ar. Metz, 12 k. et Pommérieux-Verny

VERRERIE (LA), cᵉ de Mattstall, B.-Rhin.

VERS PAIRIS, cᵉ de Orbey, H.-Rhin.

VESCHHEIM (*Weschheim*), 239 h. Moselle, ar. Sarrebourg, c. Phalsbourg, Metting, Berlingen, 1 k. 5.

VEYMERANGE (*Weymeringen*), 355 h. Moselle, ar. c. Thionville, 4 k. Terville.

VEZON, cᵉ de Marieulles, Moselle.

VIBERSWILLERS ou VIEBERSWILLERS (*Wiebersweiler*), 519 h. Moselle ar. Château-Salins, c. Albestroff, Insming, 7 k.

VIC-s.-SEILLE (*Wich*), 1761 h. . Moselle, ar. Château-Salins, ch.-l. c. 351 k. Paris.

VICTORIASCHACHT, 26 h. cᵉ de Puttlingen, Sarre.

VIEUX-FERRETTE (*Alt-Pfirt*), 509 h. H-Rhin, ar. Altkirch, c. Ferrette, 1 k.

VIEUX-LIXHEIM (*Alt-Lixheim*), 254 h. Moselle, ar. Sarrebourg, c. Fénétrange, Lixheim, Réding, 7 k.

VIEUX-THANN (*Alt-Thann*), 2128 h. H.-Rhin, ar. c. Thann.

VIGNEULLES (BASSES-et-HAUTES) (*Nieder et Oberfillen*), 357 h. Moselle, ar. Boulay, c. Faulquemont, 10 k. Bambiderstroff.

VIGNY (*Wingert*), 372 h.

. Moselle, ar. Metz-C., c. Verny, Solgne.
VIGY-LES-METZ (*Wigingen*), 680 h. . Moselle, ar. Metz, 3 k. ch.-l. c. 330 k. Paris.
VILLAGE-NEUF (*Neudorf*), 2473 h. . H.-Rhin, ar. Mulhouse, c. Huningue, V. NEUF-VILLAGE-NEUDORF.
VILLE (*Weiler*), 1190 h. . B.-Rhin, ar. Schlestadt, ch.-l. c. 456 k. Paris.
VILLERS, ce de Plénois, Moselle.
VILLERS, ce de Rombas, Moselle.
VILLERS-AUX-OIES (*Villers-a-d-Nied*), 148 h. . Moselle, ar. Château-Salins, c. Delme, Marthil, Brulange, 7 k. V. WEILER-WILLER.
VILLERS-BETTNACH, 348 h. Moselle, ar. Metz-C., c. Vigy.
VILLERS-LAQUENEXY, ce de Laquenexy, Moselle.
VILLERS-L'ORME, ce de Vany, Moselle.
VILLERS-STONCOURT (*Stondorf*), 283 h. Moselle, ar. Metz-C., c. Pange, Sanry-s.-Nied, Rémilly, 8 k.
VILLERS-s.-NIED (*Niedweiler*), V. VILLERS-AUX-OIES.
VILLERWALD (*Weilerwald*), 808 h. . Moselle, ar. Forbach, c. Sarralbe.
VILLING (*Willingen*), 248 h. Moselle, ar. Boulay, c. Bouzonville, Téterchen, 8 k.
VILSBERG (*Wilsberg*), 721 h. . Moselle, ar. Sarrebourg, c. Phalsbourg, Berling.
VINTERSBOURG (*Wintersburg*), 237 h. . Moselle, ar. Sarrebourg, c. Phalsbourg, 7 k. Mittelbronn.
VIONVILLE, 316 h. . Moselle, ar. Metz-C., c. Gorze, Gravelotte, Ars-s.-Moselle, 12 k.
VIPUCELLE, ce de la Broque, B.-Rhin.
VIRMING (*Wirmingen*), 477 h. . Moselle, ar. Château-Salins, c. Albestroff, Altroff, Benestroff, 7 k.
VISCHES, V. WISCHES.
VITRY-sur-ORNE (*Wallingen*), 1725 h. . Moselle, ar. c. Thionville, Rombas, 2 k.
VITTERSBOURG (*Willersburg*), 423 h. Moselle, ar. Château-Salins, c. Albestroff, Insming, 4 k.
VITTONCOURT (*Willenhofen*), 391 h. . Moselle, ar. Boulay, c. Faulquemont, Remilly, 3 k. 6.
VIVIERS (*Weiher*), 170 h. Moselle, ar. Château-Salins, c. Delme, 3 k. 7.
VLEXBURG, V. FLEXBOURG.
VOEGTLINSHOFFEN (*Wöklinshofen*), 593 h. . H.-Rhin, ar. Colmar, c. Wintzenheim, Obermorschwihr, Herrlisheim, 4 k. 5.
VOELFLING, V. WOELFLING.
VOELLERDINGEN (*Wöllerdingen*), 555 h. . B.-Rhin, ar. Saverne, c. Saar-Union.
VOGELGRUN, 167 h. H.-Rhin, ar. Colmar, c. Neuf-Brisach, 2 k. 5.
VOGELSHEIM, 1115 h. H.-Rhin, ar. Colmar, c. Neuf-Brisach, 1 k.
VOGELSKLAM, 26 h. ce de Kleinblittersdorf, Sarre.
VOGTSLINSHOFEN, V. VOEGTLINSHOFFEN.
VOIMEHAUT ou VOIMHAUT (*Waltwalz*), 187 h. . Moselle, ar. Boulay, c. Faulquemont, Remilly, 2 k.
VOKLINSHOFEN, V. VOEGTLINSHOFFEN.
VOLCKSBERG (*Volksberg*), 701 h. B.-Rhin, ar. Saverne, c. Drulingen, Tieffenbach et Puberg, 4 k.
VOLGELSHEIM, V. VOGELSHEIM.
VOLKENSBERG, V. FOLGENSBOURG.
VOLKLINGEN, 10476 h. . Sarre, ar. Sarrebrück, ch.-l. c.
VOLKRANGE (*Volkringen*), 887 h. Moselle, ar. Thionville-Ouest, c. Hayange, 4 k. Bevange-devant-St-Michel.
VOLKSBERG, V. VOLCKSBERG.
VOLLERDINGEN, V. VOELLERDINGEN.

VOLMERANGE (*Volmeringen*), 281 h. Moselle, ar. c. Boulay, Condé-Northen.

VOLMERANGE-LES-OEUTRANGE (*Wollmeringen*), 1386 h. Moselle, ar. Thionville-Est, c. Cattenom, Zoufftgen, 5 k.

VOLMUNSTER (*Wolmunster*), 931 h. Moselle, ar. Sarreguemines, ch.-l. c. 478 k. Paris, Bitche, 11 k.

VOLSTROFF (*Wolsdorf*), 376 h. Moselle, ar. Thionville-Est, c. Metzerwisse, 2 k.

VON-DER-HEYDT-GRUBE, 203 h. , cᵉ de Guichenbach, Sarre.

VORBRUCK, *V.* La Broque.

VOYER (*Weiher*), 411 h. Moselle, ar. Sarrebourg, c. Lorquin, Abreschwiller, Barville-Bas, 3 k.

VRÉMY (*Fremich*), 109 h. Moselle, ar. Metz-C., c. Vigy, , de Noisseville, Failly, 2 k. 6.

VRY (*Verich*), 314 h. Mos., ar. Metz-C., c. Vigy, 4 k. et Landonvillers, 9 k.

VUISSE (*Wuisse ou Wiss*), 216 h. Moselle, ar. c. Château-Salins Hampont, 5 k.

VULMONT (*Wulberg*), 82 h. Moselle, ar. Metz-C., c. Verny, Liocourt, 5 k.

W

WACKENBACH cᵉ de Schirmeck, B.-Rhin.

WACKEN-ROBERTSAU, banlieue de Strasbourg, B.-Rhin.

WADE, cᵉ de Vallières, Moselle.

WADGASSEN, 1.625 hab. à 3 k. 4, tram., Sarre. ar. Sarrelouis, c. Differten.

WAGENBACH, cᵉ de Meissengott, B.-Rhin.

WAHL, *V.* Vahl.

WAHLBACH (*ou Wàlbach*), 330 h. H.-Rh., ar. Mulhouse, c. Landser Tagsdorff Altkirch, 6 k. et Walheim, 9 k.

WAHLEN, *V.* Vahl-les-Faulquemont.

WAHLENHEIM, 268 hab. B.-Rhin, ar. c. Haguenau Brumath, 4 k.

WAHLERHOF, cᵉ de Hengstbach, Sarre.

WAHLSCHIED, 696 h. Sarre, ar. de Sarrebrück, c. tram. Heusweiler, 6 h. Holz.

WAHLSCHIEDERGRUBE, 72 h., cᵉ de Walschied, Sarre.

WAIBELSKIRCHEN, *V.* Varize

WAINWALZ *V.* Voimehaut.

WALBACH (*Wahlbach*), 491 h. . H.-Rhin, ar. Colmar, c. Wintzenheim.

WALBOURG, 552 h. . B.-Rhin, ar. Wissembourg, c. Woerth-s-Sauer.

WALCK (LA) (*Walk*), 764 h. B.-Rhin, ar. Haguenau, c. Niederbronn Pfaffenhoffen, 0 k. 5.

WALDENBURG, *V.* Valtembourg.

WALDERSBACH, 320 h. B.-Rhin, ar. Molsheim, c. Wasselonne, Fouday, 2 k. 4.

WALDHAMBACH, *V.* Hambach.

WALDHOUSE (*Valdhausen*). 515 h. Moselle, ar. Sarreguemines, c. Volmunster Walschbroun Bitche, 15 k.

WALDIGHOFFEN, 931 h. . H.-Rhin, ar. Altkirch, c. Hirsingue.

WALDOLWISHEIM, 518 h. B.-Rhin, ar. Saverne Dettwiller, 3 k.

WALDSBURGERBAD, cᵉ d'Artolsheim, B.-Rhin.

WALDWEISTROFF (*Waldweisdorf*), 460 h Moselle, ar. Thionville-Est, c. Sierck et Kédange, 15 k.

WALDWISSE (*Waldwiese*),

777 h. ✉ ⚲ ☎ 🚂. Moselle ar. Thionville-Est, c. 🚂 Sierck, 1 k. et 🚂 Merzig, 10 k.
WALERT, ce de Ottange, Moselle.
WALF, V. VALFF.
WALHEIM, 751 h. ⚲ ☎ 🚂. H.-Rhin, ar. c. ✉ Altkirch.
WALK, V. WALCK (La).
WALLERCHEN, V. VAUDRECHING.
WALLERFANGEN, 2.803 h. ✉ ⚲ ☎ 🚂 tram., Sarre, ar. Sarrelouis ch.-lieu c.
WALLERINGEN, V. VALLERANGE.
WALLERN, V. VALLIÈRES.
WALLERSBERG, V. VATIMONT.
WALLERYSTHAL ✉ ⚲ ☎ 🚂 ce de Trois-Fontaines, Moselle.
WALLESWEILERHOF, 26 h. ce de Bliesen, Sarre.
WALLESWEILERHOFF 32 h. ce de Winterbach, Sarre.
WALLINGEN, V. VITRY.
WALMEN, V. VALMONT.
WALMESDORF, ce de Elzange, Moselle.
WALMUNSTER, V. VALMUNSTER.
WALPERSHOFEN, 807 h. ✉ ⚲ ☎, Sarre, ar. Sarrebrück, c. Sellerbach 🚂 Püttlingen, 2 k. 4.
WALS V. VAUX.
WALSCHBRONN, 827 h. ✉ ⚲ ☎ Moselle, ar. Sarreguemines c. Volmunster 🚂 Bitche 15 k.
WALSCHEID, 2.052 h. ✉ ⚲ ☎ Moselle, ar. c. Sarrebourg 🚂 Vallérysthal 4 k.
WALSHEIM, 497 h. ✉ ⚲ ☎ 🚂 Sarre, ar. St-Ingbert, c. Blieskastel 🚂 Gersheim, 2 k.
WALTENHEIM 104 h. ☎ 🚂. H.-Rhin, ar. Mulhouse, c. Landser ✉ 🚂 Sierentz 3 k.
WALTENHEIM 659 h. ⚲ ☎ B.-Rhin, ar. Strasbourg, c. ⚲ Hochfelden ✉ 🚂 Mommenheim, 1 k, 8.
WANGEN, 683 h. ⚲ ☎ 🚂. B.-Rhin, ar. Molsheim, c. Wasselonne, 2 k. ✉ Marlenheim.
WANGENBOURG (*Weingenburg*), 236 h. ✉ ⚲ ☎ B.-Rhin, ar. Molsheim, c. Wasselonne 🚂 Romanswiller, 12 k.
WANTEN, V. VANTOUX.
WANTZENAU (La) (*Vanzenau*) 2 570 h. ✉ ⚲ ☎ 🚂 B.-Rh., ar. Strasbourg C. c. Brumath.
WANZEL, V. VANCELLE (La).
WAPLINGEN, V. WOIPPY.
WARNHOFEN, V. VANNÉCOURT.
WARNINGEN, V. VANY.
WASENBERG, ce de Mersthal, Moselle.
WASPERWEILER, V. VASPERVILLER.
WASSELNHEIM, V. WASSELONNE.
WASSELONNE, 3531 h. ✉ ⚲ ☎ 🚂. B.-Rhin, ar. Molsheim, ch.-lieu c., 131 k., Paris.
WASSERBOURG, 482 h. ⚲ ☎. H.-Rhin, ar. Colmar, c. Munster. ✉ Soultzbach, 🚂 Wihr-au-Val 6 k. 5.
WASTINGEN, V. VAXY.
WATTWEILER, 473 h. ⚲ ☎, Sarre, ar. c. 🚂 Deux-Ponts, 4 k. 5. ✉ Ixheim.
WATTWILLER (*Wattweiler*), 1.099 h. ✉ ⚲ ☎. H.-Rhin, ar. Thann, c. 🚂 Cernay, 4 k.
WEBENHEIM, 912 h. ✉ ⚲ ☎ Sarre, ar. c. Deux-Ponts. 🚂 Blieskastel, 1 k.
WEBSWEILERHOF, 23 h. Ce de Jagersburg, Sarre.
WECKERSWEILER, V. VECKERSWILLER.
WECKLINGEN, 75 h. Ce de Bollweiler, Sarre.
WECKOLSHEIM, 272 h. ⚲ ☎. H.-Rhin, ar. Colmar, c. ✉ 🚂 Neuf-Brisach, 3 k.
WECKRINGEN, 3.6 h. Moselle, ar. Thionville-Est, c. Metzerwisse ✉ ⚲ ☎ 🚂 Kédange, 8 k.
WEEGSCHEID (*Wegscheid*), 404 h. ⚲ ☎ 🚂. H.-Rhin, ar. Thann, c. Massevaux ✉ Niederbruck, H.-Rhin.
WEHRDEN, 2.741 h. ✉ ⚲ ☎ 🚂, Sarre, ar. Sarrebrück, c. Völklingen.
WEIDESHEIM, ce de Kalhausen, Moselle.
WEIER, V. WIHR.
WEIER-AUF'M-LAND, V. WIHR-EN-PLAINE.
WEIER-I-THAL, V. WIHR-AU-VAL.

WEIHER, *V.* Viviers et Voyer.
WEIHERSTEIN, cᵉ de Hoff, Moselle.
WEILER, 162 h., Sarre, ar. Merzig, 4 k. 5, c. Hilbringen, 4 k.
WEILER, *V.* Willer, Villers, Villé.
WEILER-WILLER, Moselle, *V.* Willer.
WEILER, Cᵉ de Wissembourg, Moselle.
WEILER, H.-Rhin, *V.* Willer.
WEILER, cᵉ de Schlestadt, B.-Rhin.
WEILER pr. THANN, *V.* Willer.
WEILER, *V.* Villé, B.-Rhin.
WEIMERINGEN, *V.* Veymérange.
WEINBOURG, 621 h. B.-Rhin, ar. Saverne, c. Bouxwiller Obersoultzbach, 2 k.
WEINGENBURG, *V.* Wangenbourg.
WEINHANSKOPFCHEN, 35 h. Cᵉ de Marpingen, Sarre.
WEINSBERG, cᵉ de Wolstroff, Moselle.
WEISLINGEN (*Weisslingen*), 729 h. B.-Rhin, ar. Saverne, c. Drulingen Tieffenbach, Tieffenbach-Struth.
WEISSENBURG, *V.* Wissembourg.
WEISSKIRCHEN, *V.* Blanche Eglise.
WEISSKIRCHEN, cᵉ de Volmunster, Moselle.
WEISSLINGEN, *V.* Weislingen.
WEITBRUCH, 1750 h. B.-Rhin, ar., c. Haguenau Kurtzenhausen, 3 k. 5.
WEITERSWILLER (*Weitersweiler*), 733 h. B.-Rhin, ar. Saverne, c. la Petite-Pierre Ingwiller, 7 k.
WELFERDING (*Wölferdingen*), 1723 h. Moselle, ar. c. Sarreguemines, 2 k.
WELLESWEILER, 1958 h. , Sarre, ar. Ottweiler, c. Neunkirchen.
WELLESWEILERGRUBE, 48 h. Cᵉ Wellesweiler, Sarre.
WELLINGEN, 246 h. Sarre, ar. Merzig, 8 k., c. Hilbringen.
WELSCHBACH, 495 h. , ar. Ottweiler, 4 k., c. Steinnweiler.
WELSCHBACHZIEGELHUTTE 31 h., cᵉ de Welschbach, Sarre.
WELSCHENSTEINBACH, *V.* Eteimbes.
WELWINGEN, *V.* Velving.
WEMMETSWEILER, 2500 h. 1 k., Sarre, ar. Ottweiler, c. Uchtelfangen.
WENGELSBACH, cᵉ de Niedersteinbach, B.-Rhin.
WENTZWILLER (*Wenzweiler*), 475 h. H.-Rhin, ar. Mulhouse, c. Huningue Folgensbourg, St-Louis.
WENTZWILLER, cᵉ de Guéblange, Moselle.
WERBELN, 271 h., Sarre, ar. Sarrelouis, c. Differten, 1 k.
WERBELN (bei), 43 h. Cᵉ Schaffhausen, Sarre.
WERENTZHOUSE (*Werenzhausen*), 373 h. . H.-Rhin, ar. Altkirch, c. Ferrette.
WERNHEIM, *V.* Vernéville.
WERNINGEN, *V.* Verny.
WERSCHWEILER, 313 h., Sarre, ar., c. St-Wendel, 6 k.
WESCHHEIM, *V.* Vescheim.
WESSERLING, *V.* Husseren-Wesserling.
WESTHALTEN, 901 h. . H.-Rhin, ar. Guebwiller, c. Rouffach, 5 k.
WESTHAUSEN, 323 h. . B.-Rhin, ar. Saverne, c. Marmoutier, Maennolsheim, 6 k.
WESTHAUSEN ou Westhauzen, 1067 h. . B.-Rhin, ar., c. Erstein, Benfeld, 3 k.
WESTHOFFEN (*Westhofen*), 1682 h. tram. B.-Rhin, ar. Molsheim, c. Wasselonne, Scharrachbergheim, 3 k.
WETSCHHAUSEN, 25 h. Sarre, ar., c. St-Vendel, 10 k.
WETTOLSHEIM, 1335 h. , 2 k. H.-Rhin, ar. Colmar, 3 k., c. Wintzenheim.
WEYER, 724 h. B.-

Rhin, ar. Saverne, c. Drulingen, 2 k. 8.

WEYERSHEIM (ou *Wirschen*), 2081 h. B.-Rhin, ar. Strasbourg, c. Brumath.

WIBOLSHEIM, 459 h. Ce d'Eschau, B.-Rhin.

WICH, V. Vic.

WICKERSCHWIHR (*Wickersweier*), 208 h. H.-Rhin, ar. Colmar, c. Andolsheim, Bischwihr.

WICKERSHEIM, 381 h. B.-Rhin, ar. Strasbourg-C, c. Hochfelden, 5 k.

WIDENSOHLEN ou WIEDENSOHLEN (*Widensolen*), 458 h. H.-Rhin, ar. Colmar, c. Andolsheim, Neuf-Brisach, Fortschwihr ou Sundhoffen, 5 k.

WIEBELSKIRCHEN, 5718 h. tram, Sarre, ar., c. Ottweiler.

WIEBERSWEILER, V. Vibersviller.

WIEBLING, V. Vaudoncourt.

WIESBACH, 1517 h. Sarre, ar. Ottweiler, c. Dirmingen, Illingen 4, ou Lebach, 6 k.

WIESWILLER (ou *Wiswiller*), 857 h. Moselle, ar., c. Sarreguemines, Wœlfling-les-Bliesbruck, 2 k.

WIGINGEN, V. Vigy.

WIHR-AU-VAL (*Weier in Thal*), 897 h. H.-Rhin, ar. Colmar, c. Wintzenheim.

WIHR-EN-PLAINE (*Weier auf'm Land*), 412 h. tram. H.-Rhin, ar. Colmar, c. Andolsheim Horbourg.

WILDENSTEIN, 443 h. H.-Rhin, ar. Belfort, c. St-Amarin Kriit, 6 k. 5.

WILDERSBACH, 563 h. B.-Rhin, ar. Molsheim, c. Wasselonne, Rothau, 3 k.

WILLER (*Weiler*), 431 h. Moselle, ar. Forbach, c. Gros-Tenquin, Landroff, 5 k., V. Villers-Weiler.

WILLER, 2031 h. H.-Rhin, ar., c. Thann.

WILLER, 466 h. H.-Rhin, ar. c. Altkirch, Grentzingen, 4 k.

WILLER, ce de Harskirchen, B.-Rhin.

WILLER, ce de Wissembourg, Moselle.

WILLERHOF, ce de Hilsenheim, B.-Rhin.

WILLERN, V. Romagny.

WILLERWALD, V. Villerwald.

WILLGOTHEIM, 717 h. B.-Rhin, ar. Strasbourg-C, c. Truchtersheim, 7 k. et Wasselonne, 8 k.

WILLINGEN, V. Villing.

WILSBERG, V. Vilsberg.

WILSHAUSEN, 125 h. B.-Rhin, ar. Strasbourg-C., c. de Hochfelden, 3 k.

WILWISHEIM, 459 h. B.-Rhin, ar. Strasbourg-C, c. Hochfelden.

WIMMENAU, 739 h. B.-Rhin, ar. Saverne, c. la Petite-Pierre.

WINCKEL (*Winkel*), 464 h. H.-Rhin, ar. Altkirch, c. Ferrette, 7 k.

WINDSTEIN, 280 h. B.-Rhin, ar. Haguenau, c. Niederbronn-les-Bains, Reischhoffen, 6 k.

WINECKERTHAL, ce de Dambach, B.-Rhin.

WINGEN, 628 h. B.-Rhin, ar. c. Wissembourg, Lembach, 3 k.

WINGEN, 831 h. B.-Rhin, ar. Saverne, c. la Petite-Pierre.

WINGERT, V. Vigny.

WINGERSHEIM, 1098 h. B.-Rhin, ar. Strasbourg-C, c. Hochfelden, Mommenheim, 5 k.

WINKEL, V. Winckel.

WINTERBACH, 811 h. Sarre, ar. St-Wendel, 4 k., c. Alsweiler.

WINTERSBURG, V. Vintersbourg.

WINTERSHAUSEN, 410 h. B.-Rhin, ar. c. Haguenau, 7 k. Schweighouse, 5 k.

WINTRINGEN, ce de Berg, B.-Rhin.

WINTZENBACH (*Winzenbach*), 503 h. B.-Rhin, ar. Wissembourg, c. Seltz, 4 k. ☒ Motheren, 5 k.
WINTZENHEIM (*Winzenheim*), 3576 h. ☒ tram. H.-Rhin, ar., c. Colmar.
WINTZENHEIM (*Winzenheim*), 431 h. B.-Rhin, ar. Strasbourg-C., c. Truchtersheim, ☒ Willgotheim Marlenheim, 7 k. tram., Fessenheim, 4 k.
WINTZFELDEN, c^{e} de Soultzmatt, H.-Rhin.
WINZENBACH, *V.* WINTZENBACH.
WINZENHEIM, *V.* WINTZENHEIM.
WIRMINGEN, *V.* VIRMING.
WIRSCHEN, *V.* VEYERSHEIM.
WIRTSDORF, *V.* VERGAVILLE.
WISCHES (*Wisch*), 1567 h. ☒ B.-Rhin, ar. Molsheim, c. Schirmeck.
WISS, *V.* VUISSE.
WISSEMBOURG (*Weissenburg*) 6772 h. ☒ B.-Rhin, ch.-l., ar., c. 483 k. de Paris.
WISWILLER, *V.* WIESWILLER.
WITTELSHEIM, 1629 h. ☒ H.-Rhin, ar. Thann, c. Cernay.
WITTENHEIM, 2270 h. ☒ tram. H.-Rhin, ar., c. Mulhouse.
WITTENHOFEN, c^{e} VITTONCOURT.
WITTERHALHOF, c^{e} de Hohwald, B.-Rhin.
WITTERNHEIM, 390 h. B.-Rhin, ar. Erstein, c. ☒ Benfeld, 8 k.
WITTERSBURG, *V.* VITTERSBOURG.
WITTERSDORF, 801 h. H.-Rhin, ar., c. ☒ Altkirch, 3 k.
WITTERSHEIM, 576 h. B.-Rhin, ar., c. Haguenau ☒ Mommenheim, 3 k.
WITTERSHEIM, 570 h. ☒ tram., Sarre, ar. St-Ingbert, c. Blieskastel, 11 k.
WITTERSWILLER, *V.* WEITERSWILLER.
WITTISHEIM, 1225 h. ☒ B.-Rhin, ar. Schlestadt, c. Marckolsheim.
WITTRING, 862 h. ☒ Moselle, ar., c. Sarreguemines.
WIWERSHEIM, 268 h. ☒ tram. B.-Rhin, ar. Strasbourg, c. Truchtersheim.
WŒLFERDINGEN, *V.* WELFERDING.
WŒLFLING-LES-BLIESBRUCKEN (*Wölflingen*), 514 h. ☒ Moselle, ar., c. Sarreguemines.
WŒLFLING-LES-BOUZONVILLE (*Wölflingen*), 152 h. Moselle, ar. Boulay, c. ☒ Bouzonville.
WŒLLENHEIM (*Wöllenheim*), 82 h., B.-Rhin, ar. Strasbourg-C., c. Truchtersheim, ☒ Willgotheim Wasselonne, 8 k.
WŒRTH-SUR-SAUER (*Worth*), 1036 h. ☒ B.-Rhin, ar. Wissembourg, ch.-l. c. 461 k., Paris.
WOIPPY (*Wappinger*), 1567 h. ☒ Moselle, ar. c. Metz.
WOKLINGSHOFEN, *V.* VŒGTLINSHOFFEN.
WOLFERSHEIM, 407 h., Sarre, ar. St-Ingbert, c. Blieskastel ☒ Herbitzheim, Breitfurt, 2 k. et Blickweiler, 4 k.
WOLFERSDORFF (*Wolfersdorf*), 302 h., H.-Rhin, ar. Altkirch, c. ☒ de Dannemarie, 1 k.
WOLFGANTZEN (*Wolfganzen*), 329 h. H.-Rhin, ar. Colmar, ☒ Neuf-Brisach, 2 k.
WOLFISHEIM, 1357 h. ☒ tram. B.-Rhin, ar. Strasbourg-C., c. Schiltigheim, Lingolsheim.
WOLFLINGEN, *V.* WŒLFLING.
WOLFSKAUL, 51 h., c^{e} de Guichenbach, Sarre.
WOLFSKIRCHEN, 648 h. ☒ B.-Rhin, ar. Saverne, c. Drulingen.
WOLFSTHAL, c^{e} de Engenthal, B.-Rhin.
WOLLENHEIM, *V.* WŒLLENHEIM.
WOLLERDINGEN, *V.* VŒLLERDINGEN.

WOLLMERINGEN, *V.* VOLMERANGE-LES-OENTRANGE.
WOLMUNSTER, *V.* VOLMUNSTER.
WOLSCHHEIM, 225 h. B.-Rhin, ar., c. Saverne, de Maennolsheim, Dettwiller, 7 k.
WOLSCHWILLER, 403 h. H.-Rhin, ar. Altkirch, c. Ferrette, Werentzhouse, 8 k.
WOLSDORF, *V.* VOLSTROFF.
WOLXCHEIM, 785 h. B.-Rhin, ar., c. Molsheim, Avolsheim, 2 k.
WORSCHWEILER, 280 h., Sarre, ar. Ingbert, c. Blieskastel, Schwarzenacker, 1 k.
WORTH, *V.* WŒRTH.
WOUSTWILLER (*Wustweiler*), 507 h. Moselle, ar., c. Sarreguemines, Hamback, 5 k.
WUENHEIM (*Wünheim*), 1031 h. H.-Rhin, ar. Guebwiller, c. Soultz.
WUISSE, *V.* VUISSE.
WULBERG, *V.* VALMONT.
WUNHEIM, *V.* WUENHEIM.
WURZELBACHERMUHLE, 32 h., c^e d'Oberlinxweiler, Sarre.
WUSTWEILER, *V.* WOUSTWILLER.
WUSTWEILER, 1091 h. , Sarre, ar. Ottweiler, c. de Uchtelfangen.
WUSTWEILERHOF, 297 h. c^e de Wustweiler, Sarre.

X, Y

XANREY (*Schenris*), 250 h. Moselle, ar. Château-Salins, c. Vic-sur-Seille, 8 k. 2, Moyenvic.
XOCOURT (*Schollhofen*), 119 h. Moselle, ar. Château-Salins, c. Delme, 2 k. 5.
XOUAXANGE (*Schweixingen*), 279 h. Moselle, ar., c. Sarrebourg, Heming, 3 k.
YUTZ-BASSE (*Niederjeutz*), 6551 h. Moselle, a[r.], c. Thionville-Est, 2 k. 5.
YUTZ-HAUTE (*Oberjeutz*), 851 h. Moselle, ar., c. Thionville-Est, 2 k. 5, Yutz-Basse.

Z

ZABERN, *V.* SAVERNE.
ZAESSINGEN (*Zässingen*), 307 h. H.-Rhin, ar. Mulhous[e], c. Landser Tagsdor[f], Altkirch, 11 k.
ZARBELING (*Sarbelingen*), 115 h. Moselle, ar. Château-Salins, c. Dieuze Conthil, 3 k.
ZASSINGEN, *V.* ZÆSSINGEN.
ZEHNACKER, 230 h. B.-Rh[in], ar. Saverne, c. Marmoutier, Wasselonn[e], 5 k.
ZEINHEIM, 161 h. B.-Rhin, ar. Saverne, c. Marmoutier Wasselonne, 5 k.
ZEIRINGEN, c^e de Flastro[ff], Moselle.
ZELL, *V.* BAROCHE (La).
ZELL, c^e de Nothalten, B.-Rh[in].
ZELLENBERG, 325 h. H. Rh[in], ar. Ribeauvillé, c. Kaysersbe[rg] Riquewihr C[...]theim, 3 k.
ZELLER, c^e de Petit-Tenqu[in], Moselle.
ZELLWILLER, 836 h. B.-Rhin, ar. Erstein, c. Ob[er]nai, Barr, 3 k. 5.
ZELSHEIM, c^e de Fr[ie]senheim, B.-Rhin.
ZEMMINGEN, *V.* ZOMMANGE.
ZERINGEN, c^e de Flastroff, M[o]selle.
ZETTING (*Sittingen*), 723 h. Moselle, ar., c. Sar[regue]mines, Sarreinsming.
ZEURANGE, c^e de Flastroff, M[o]selle.
ZIEGELHOFF, c^e de Erste[in], B.-Rhin.
ZIEGELHUTTE, *V.* OTTWEIL[ER], THELEY, THOLEY, WELSC[H]BACH, LUDWEILER.

ZIENHWALDGRUBE, 28 h. Ce de Neunkirchen, Sarre.
ZILLHART, ce de Ste-Marie-aux-Mines, H.-Rhin.
ZILLING, 340 h. Moselle, ar. Sarrebourg, c. Phalsbourg, ⊠ Mittelbroun Berlingen, 4 k.
ZILLISHEIM, 1654 h. ⊠ H.-Rhin, ar., c. Mulhouse.
ZIMMERBACH, 398 h. H.-Rhin, ar. Colmar, c. Wintzenheim, ⊠ Walbach, 1 k.
ZIMMERFELD, ce de Dabo, Moselle.
ZIMMERSHEIM, 435 h. H.-Rhin, ar. Mulhouse, c. ⊠ de Habsheim, 4 k.
ZIMMING, 206 h. Moselle, ar., c. Boulay, 11 k., ⊠ Boucheporn, v. Zommange.
ZINSWILLER, 1050 h. ⊠ B.-Rhin, ar. Haguenau, c. Niederbronn, Gundershoffen, 5 k.
ZINSWILLER, ce d'Obernai, B.-Rhin.
ZINZING, *V.* ALSTING-ZINZING.
ZITTERSDORF, *V.* HAUT-CLOCHER.
ZITTERSHEIM, 371 h. B.-Rhin, ar. Saverne, c. La Petite-Pierre, ⊠ Wingen.
ZŒBERSDORFF *(Zöberdorff)*, 201 h. B.-Rhin, ar. Strasbourg-C., c. Hochfelden, 6 k. 4, ⊠ Wickersheim.
ZOLLINGEN, 199 h. B.-Rhin, ar. Saverne, c. Drulingen, ⊠ Pistroff, 1 k. 5.
ZOLLSTOCK, 31 h. Ce de Knorscheid, Sarre.
ZOMMANGE *(Zemmingen)*, 84 h. Moselle, ar. Château-Salins, c. Dieuze, ⊠ Vergaville, v. Zimming.
ZONDRANGE, *V.* MARANGE-ZONDRANGE.
ZORNHOFF, ce de Monswiller, B.-Rhin.
ZOUFFTGEN ou SOUFFTGEN *(Sulfgen)*, 637 h. ⊠ Moselle, ar. Thionville-Est, c. Cattenom.
ZUTZENDORFF, 643 h. B.-Rhin, ar. Saverne, c. Bouxwiller, ⊠ Obermodern, 2 k.

Troyes. — Grande Imprimerie de Troyes, 126, rue Thiers.

www.ingramcontent.com/pod-product-compliance
Ingram Content Group UK Ltd.
Pitfield, Milton Keynes, MK11 3LW, UK
UKHW020257220726
13923UKWH00002B/957